공 부 잘 하는 친구의

멘탈
공부법

공부 잘하는 친구의
멘탈 공부법

명문고 현직 교사가 알려주는 공잘친의 자기관리 수능비법!

김민진 지음

푸른영토

읽는
이들에게

저는 투철한 사명감을 가진 교사는 아닌 듯합니다. 또 크게 존경받고 싶은 교사가 되고 싶다는 생각을 해 본 적도 없습니다. 사명감을 이야기하기엔 너무도 그릇이 작은 사람이라는 것을 스스로 잘 알고 있고, '존경 받는 교사'라는 이미지는 왠지 저와는 어울리지 않는 것 같습니다.

별 생각 없이 시작한 교직에 때로는 거친 아이들에게 상처받을 때도 있었습니다. 그러나 지금 생각해 보면 제가 더 강하지 못해서 벌어진 일이었던 것 같습니다. 엄한 훈계나 교칙에 따른 징계, 단호한 태도 등은 모두 제가 가장 약했을 때 중시했던 것들입니다. 제 스스로 좀 더 단단해지고 나서야 아이들이 눈에 들어오기 시작했던 것 같습니다. 아이들이 저의 사소한 표정 하나에도 상처받는 순간이 눈에 들어오고, 사소한 저의 격려 한마디에 위로받는 모습도 보이기 시작했습니다.

그 후 저는, 지금 제가 하고 있는 일이 얼마나 보람 있는 일인지를 깨닫게 되었습니다. 그리고 제 일이 얼마나 많은 아이들을 도와주고, 얼마나 많은 것들을 변화시킬 수 있는 일인지를 깨닫게 되었습니다. 그리고 그런 차원에서 이 글 또한 시작되었음을 밝힙니다.

때로는 "괜찮아. 성적이 뭐가 그렇게 중요하니? 너무 애 쓸 필요 없어"라고 말할 때도 있습니다. 이는 힘들어 하는 학생을 위로할 때 하는 말입니다. 그러나 사실 진심은 아닙니다. 제 스스로만 살펴보더라도, 교사라는 직업을 가지기 위해서조차 나름 부지런히 공부해야 했고, 시험과 성적 때문에 힘들어 했었기 때문입니다. 그래놓고, "교육 제도가 정말 잘못 되었어. 불쌍한 아이들아, 공부하지 마. 안 해도 돼. 좋은 성적 의미 없어"라는 식의 조언은 아닌 것 같습니다. 아마 같은 맥락에서 부모님들 역시 그러실 것입니다.

이 책을 통해 무기력하고 무책임한 행동에 대한 변명거리가 될 수 있는 소스를 학생들에게 제공하긴 싫습니다. 실패에 대한 위로의 말이나 자기 합리화의 근거가 될 수 있는 조언은 싫습니다.

열심히 노력할 필요가 없다는 식의 달콤한 조언들을 위안 삼아, 아이들이 뒤로 물러나고 주저앉는 삶을 살기를 원치 않습니다. 아이들이 힘들게 쫓고 있는 것들을 두고, 섣불리 중요하지 않다고 말하는 것은 아닌 것 같습니다.

저는 욕심 많은 아이가 좋습니다. 자기 욕심에 솔직해지고 그것을 달성하고자 기꺼이 노력하는 아이가 좋습니다. 우리 아이들이 나약한 마음으로 동화 같은 세상을 꿈꾸다가 상처받고 포기해버리는 삶을 살기를 원치 않습니다. 대신에 좀 더 강하게 요구하고, 성취하고, 이겨내서 결국 원하는 삶을 이루는 그런 사람으로 자랐으면 좋겠습니다.

그 과정에서 조금이나마 도움이 될 수 있는 이야기들을 이 책에서 전하고자 합니다.

힘든 여정이라는 것을 알지만, 기꺼이 날개를 펼쳐 날아오르기를 희망하는 용기 있는 모든 학생들을 위한 책이 되기를 희망합니다.

김민진

우리의 '공부 못하는 학생들'(앞날이 없다고 여겨진 학생들)은 학교에 결코 홀로 오지 않는다. 교실에 들어서는 것은 한 개의 양파다. 수치스러운 과거와 위협적인 현재와 선고받은 미래라는 바탕 위에 축적된 슬픔, 두려움, 걱정, 원한, 분노, 채워지지 않는 부러움, 광포한 포기, 이 모든 게 켜를 이루고 있는 양파.

저기 다가오는 학생들을 보라. 성장해가는 그들의 몸과 책가방을 가득 채우고 있는 무거운 짐들을. 수업은 그 짐이 땅바닥에 내려지고 양파 껍질이 벗겨져야만 진정으로 시작될 수 있다. 설명하긴 어렵지만, 단 하나의 시선, 호의적인 말 한마디, 믿음직한 어른의 말 한마디, 분명하고 안정적인 그 한마디면 충분히 그들의 슬픔을 녹여내고 마음을 가볍게 하여, 그들을 직설법 현재에 빈틈없이 정착시킬 수 있다.

《학교의 슬픔》 중에서, 다니엘 페낙

차 례

제 2 장
관 계

부모님, 친구, 선생님과
좋은 관계 맺기

제 1 장

관 계

진 정 한 인 재 로 성 장 하 기 위 한

생 활 관 리 와 인 성 관 리

성적표가 무섭고
공부가 두려워요
공부 잘하는 친구들의 공통점

슬픔은 배움을 가로막는 벽이다.
─다니엘 페낙

"성적이 떨어지는 느낌은 공포영화 100편을 보는 게 나을 정도죠."

"너무 불안하고 애들이나 선생님들께 부끄러울 것 같고, 성적이 내려가면 부끄럽고 인생 끝난다는 생각이 드는 거예요. 무서워요. 공부하는 것 자체가 무서워요."

"등급이 좋으면 추악한 우월감. 그런 게 어쩔 수 없이 들게 되는 것 같아요. 진짜 아무리 공자가 전교 1등을 해도 그런 우월감이 들었을 거예요. 성적이 안 좋게 나온 친구를 보면 안타깝긴 한데, 한편으로는 경쟁자니까 안도감이 들어요."

"(성적표를) 딱 받았을 때 멍했어요. 진짜 멘탈 붕괴가 와서 아무 생각도 안 들고, 밥 먹을 때도 아무 생각 없이 먹었어요."

"성적 때문에 항상 기가 죽고 자신감이 없으니까 항상 주눅이 들어 있다고 해야 하나. 혼자 구석에 처박혀 있으니까…."

"그냥 일단은 대학을 나와야 해. 특별한 이유 없어. 세상의 이치지. 우리나라의 이치. 근데 사실 무섭기는 해. 나중에 내가 별로 좋지 않은, 남들 보기에 좋지 않은 대학을 나와서 남들이 무시할까 봐. 그건 무서워. 남들이 날 되게 안 좋게 생각할까 봐."

"솔직히 대한민국에서는 죄인 같아요. 죄인. 공부 못하면 죄인이고 공부 잘하면 그 사람은 VIP예요."

〈EBS 다큐멘터리 공부 못하는 아이〉中, 학생 인터뷰

많은 아이들이 혼자서는 깨닫지 못 하는 수많은 불안, 두려움, 우울함을 안고 학교생활을 해 나가고 있다. 이는 '사춘기'라는 단순한 답으로 이해될 수 있는 부분이 아니다. 누구나 다들 그 시기엔 그러했으니까 견디는 것만이 답이라고 해야 하는 것일까? 그저 사춘기가 지나가기만 하면 자연스럽게 해결되는 것일까?

문제는 그런 혼란 속에서 인생의 큰 과업 중의 하나인 대입을 준비해야 한다는 것이다. 성적은 자꾸 떨어지고, 공부를 해야 하는 것은 알고 있지만 무엇부터 어떻게 해야 할지 모르겠고, 등교부터 하교까지 꼬박 채워진 공부 스케줄은 숨 막히게 만든다. 아침부터 밤까지 '부족한 나'와 대면하는 싸움을 하고 있다.

우리나라의 교육은 타인과의 경쟁 속에서 자신의 순위를 확인받는 시스템이다. 절대적인 기준을 가지고 학습 목표 달성의 여부를 확인하는 것은 의미가 없다. 점수의 높고 낮음은 전혀 중요하지 않다. 그저 상대적인 서열, 즉 '내가 몇 번째에 위치하고 있느냐'가 중요하다. 다른 사람과 비교하여 그들보다 앞에 서 있다는 것을 증명해야 하기 때문에 경쟁은 필수적이다. 수직으로 높이 이어진 계단에서 한 줄 서기를 하고 있는 것과 같다.

교육에 몸담고 있는 사람으로서 이러한 경쟁적 구조로 인한 여러 가지 문제들을 직접 느끼고 있다. 또 학생들이 힘들어하고 있는 것도 잘 알고 있다. 그러나 이 책에서는 이러한 교육의 제도적 문제에 관한 논의는 접어 둘 것이다. 대신, 학생들이 어떤 마음과 생각을 가지고 공부하는 것이 지금의 교육 현실에서 가장 최선의 결과를 이끌어 낼 수 있는지를 말하고자 한다.

교직에 10년 이상 몸담고 있으면서 공부를 잘하는 학생들을 지켜본 결과, 그들은 여러가지 면에서 공통된 특성을 보였다. 학생들 각자가 가진 성격이나 환경도 다르고 공부를 하는 방법도 다르지만 그들이 자신을 관리해 나가는 방법에서는 유사한 부분들이 발견되었다. 이처럼 주변의 공부 잘하는 친구들, 즉 '공잘친'들은 자신만의 멘탈과 자기관리 방법이 있다.

사실 공부 잘하는 친구들, 즉 공잘친의 '공부법'은 중요하지 않다. 1등을 하는 학생이 어떤 사교육을 받았는지, 선행학습을 어디까지 했는지, 어떤 책으로 공부했는지, 어떻게 수학문제를 푸는지, 어떻게 영어단어를 외우는지 등에 대한 분석은 무의미하다. 이러한 부분에 대한 완벽한 비법 같은 것은 존재할 수 없다. 세부적인 학습 방법은 개인이 가진 여러 가지 환경적 특성, 성격적 특성과 맞물려 매우 다양하게 나타난다. '어떤 방법이 좋았다'라고 말하는 것은 그 방법이 그들에게 맞는 최적화된 방법들이기 때문이다. 무조건 따라 한다고 해서 좋은 결과로 이어지는 것은 아니다. 그러나 공부를 대하는 그들의 마음과 태도, 생각에 있어서는 공통적인 요소가 있고 우리는 이를 주목할 필요가 있다. 이 책에서는 이러한 '공잘친'에 대해 이야기해 보고자 한다.

노력하는 학생과 머리 좋은 학생, 어느 쪽이 좋은 결과를 낼까?

충분한 시간 속에서 열등생은 존재하지 않는다

끊임없이 노력하라!
체력이나 지능이 아닌 노력이야말로 자물쇠를 푸는 열쇠다.

—윈스턴 처칠

흔히 공부는 머리 좋은 학생들이 잘한다고 생각한다. 머리가 좋다는 것을 두고 주로 IQ를 언급하는 경우가 많다. 공부를 잘하는 학생 중에서도 아이큐가 높은 경우가 있지만, 아이큐가 높다고 해서 공부를 잘하는 것은 아니다. 특히 이런 능력은 대입을 준비하는 과정에서는 큰 효과를 발휘하지 못한다. 성공적인 대입 결과를 얻어내는 학생들은 항상 '노력'을 하는 학생들이었다. 그 이유는 세 가지로 설명될 수 있다.

첫째, 대입 준비기간은 길다.

머리가 좋은 학생들은 다른 학생들에 비해 학습내용을 보다 빨리 이해하고 습득한다. 예를 들면 다른 학생이 10분 걸려서 외우거나 푸는 문제를 1-2분 안에 해결할 수 있다. 그러나 이것이 결정적인 능력으로 작용하는 것은 아니다. 지금 학습 내용을 외우고 이해했다 하더라도 이를 1, 2년 뒤에 치르는 시험까지 유지시키려면 누구나 예외없이 '노력'을 해야 한다. 여기에서 역시 머리 좋은 학생은 기억력이 좋아서 오래 기억하니까 유리할 것이라고 생각한다. 하지만 그렇지 않다. 누구나 외우고 돌아서는 순간부터 망각이 시작된다.

헤르만 에빙하우스의 '망각곡선 이론'에 따르면, 학습 후 10분 후부터 망각이 시작되며, 1시간 뒤에는 50%, 하루 뒤에는 70%, 한 달 뒤에는 80%를 망각하게 된다고 한다. 따라서 주기적인 반복만이 사라지는 기억들을 장기기억으로 끌고 가게 해 준다. 외운 내용을 시험 당일까지 기억하기 위해서는 끊임없는 반복이 반드시 필요하다. 즉, 머리 좋은 학생이나 그렇지 못한 학생이나 똑같이 복습이라는 '노력'이 필요하다.

둘째, 학교 교육과정에서 제시된 학습내용은 누구나 성취 가능한 수준이다.

학교 교육과정에서는 누구라도 예외없이 노력하며 성취 가능한 수준의 내용을 제시한다. 단지 조금 빨리 이해하느냐, 조금 늦게 이해하느냐의 차이일 뿐이다. 결코 성취할 수 없는 어려운 내용을 제시하지 않는다. 어렵게 느껴질 수 있는 부분이라 하더라도 좀 더 시간과 노력을 들인다면 누구나 성취가 가능하다. '머리가 좋은 학생은 외울 수 있고, 나는 외울 수 없다'가 아닌 '머리가 좋은 학생은 1분이 걸리고, 나는 5분이 걸린다'라는 것뿐이다.

따라서 답은 간단하다. 그저 조금 더 시간을 투자하면 된다. 이것은 매우 중요한 요소이다. 이렇게 생각한다면 못해낼 공부가 없는 셈이다. (실제로도 그렇다.) 단지 머리 좋은 친구보다 의자에 앉아 있는 시간이 길어질 뿐이다. 수능은 노력하는 학생을 결코 저버리지 않는 시험이다. 노력하는 대로 반드시 성과는 나오게 되어 있다. 단지 시간과 노력의 문제일 뿐이다.

셋째, 학습 내용은 방대하다.

일단 고등학교에 올라오면 중학교에서 공부해야 하는 내용에 비해 공부 양이 크게 늘어난다. 교과서만 해도 수십 권이다. 이것들이 모두 수능의 시험 범위다. 머리 좋은 학생도 열심히 공부를 하지 않으면 안 될 만큼 전 과목, 전 영역에서 학습 범위가 넓다. 즉, 머리가 아무리 좋아도 학습의 양이 방대하기 때문에 노력 없이 좋은 성적이 나올 수 있는 학생은 없다. 학습 분량이 적고, 범위가 좁다면 단기간에 머리 좋은 학생이 유리할 수도 있다. 그러나 학습의 양이 방대하기 때문에 시험은 누구에게나 공평하게 '노력' 하기를 요구한다.

공부를 잘하고 못하고는 타고난 능력이 아닌 노력에 의해서 결정된다. 학문적 소양은 실상 어느 정도 타고난 특질이라기보다 어느 정도의 시간을 들이냐에 더 좌우된다. 이 사실은 학업 성취 테스트를 위한 표준학력검사 성적에서 증명되고 있다. 표준학력검사 결과에 따르면, 한 학년의 최고 점수는 그 위 학년의 대다수 학생들이 받은 점수였다. 또 다른 연구 결과에 따르면 일부 학생들은 비교적 빠른 속도로 숙달의 경지에 이르지만 대다수 학생들이 속도는 늦더라도 어쨌든 결국에는 학습 과제를 완전히 숙달하는 것으로 나타났다.

하나의 기술을 완전히 숙달하기 위해 다른 사람보다 시간이 많이 걸린다는 이유만으로 '성적 부진아'나 '열등아'라는 꼬리표를 붙이는 경우가 적지 않다. 이 점과 관련해 존 캐럴은 〈학교 학습에 관한 연구〉라는 제목의 논문에서 이렇게 말하고 있다.

> "학문적 소양은 학습자가 학업을 완전히 숙달하는 데 필요한 '시간의 총화'다. 이 정의 안에는 사실상 충분한 시간만 주어지면 어떤 학생이라도 학습 과제를 습득할 수 있다는 가정이 들어 있다."

결국 시험에서 좋은 결과를 내는 학생은 긴 입시 준비 기간 동안 끊임없이 노력할 줄 아는 자기관리 능력을 갖춘 학생이다. 변함없는 자세로 지속적인 노력을 해 나갈 정도의 목표의식, 열정, 의지력, 절제력, 인내심 등이야말로 공잘친의 핵심 능력이다.

미래사회가 요구하는 인재상은
어떤 사람일까
사회가 원하는 인재, 세상이 주목하는 능력

조금만 더 겸손했더라면 나는 완벽했을 것이다.
—테드 터너

산업화 시대 이후로 세상의 중심에는 항상 생산 활동을 하는 기업이 있어왔다. 기업은 제품이나 서비스를 만들기 위해 인력을 고용하였다. 그리고 점차 기업의 기능이 커짐에 따라, 자연스럽게 기업이 원하는 인재상은 그 시대가 원하는 인재상이 되었다. 열심히 공부해서 전문지식을 갖추고, 회사에 입사하여 주어진 일을 잘하는 사람이 기업이 원하는 인재였다. 물론 일은 혼자서 다 할 수 없을 정도로 복잡해져 있으므로 다른 사람들과의 협력에도 능해야 했다. 즉, 전문지식을 바탕으로 협력할 수 있는 능력이 곧 실력이었다.

그렇다면 산업화 시대를 뒤로 하고 4차 산업혁명의 시기에 요구되는 인재는 어떤 능력을 갖춘 모습일까? 인공지능은 유한한 규칙 속에서 반복되는 인간의 일을 대체하게 될 것이다. 이는 일반적으로 사람들이 꿈꾸는 안정적인 직장의 안정적인 직업이 사라진다는 뜻이다. 정해진 시간에 출근해서 매일 비슷한 일을 하면서, 근로 시간을 채우고 퇴근하는 그러한 직업은 사라진다. 또한 지식의 전달이라는 전통적인 측면에서 학교의 역할과 기능은 도전받게 된다. 대신에 미래의 학교 교육은 자신의 꿈을 실현시킬 수 있는 자기관리 능력, 감정조절 능력, 자기통제 능력, 자기 내면에 대한 이해에 초점을 맞춰 교육이 이루어진다. 이는 궁극적으로 무엇을 하든 행복하고 성공적인 삶을 살기 위한 능력을 기르는 것이라고 볼 수 있다.

미래사회는 머릿속에 얼마나 많은 지식을 넣고 있느냐보다 무한에 가까운 지식을 어떻게 잘 선택하여 자신의 목적에 합당하게 구조화 시키느냐가 중요한 시대가 된다. 지금 우리가 배운 지식이 몇 년 후에는 죽은 지식이 될 수도 있다. 중요한 것은 긴 평균 수명에 따라 끊임없이 변화하는 사회 속에 적응할 수 있는 능력이다. 스탠퍼드대학교의 심리학자인 캐롤 드웩은 '교육은 사람들에게 무엇이든 배우는 능력에 대해 자신감을 갖게 해주는 것'이라고 설명하고 있다. 우리는 평생 새로운 체계와 시스템을 익히고 배워야 하며, 또 그러한 열정이 식지 않도록 관리해야 한다.

미래사회에서는 다양한 지식을 외우고 있는 인재를 요구하지 않는다. 대신 체계적 지식의 전달이 아닌 사회 정서적 학습(social-emotional learning)의 필요성이 요구되는 사회로 진입하게 된다. 이에 따라 학생들에게 동정심, 타인에 대한 공감과 비폭력적 갈등 해결 방법 등을 가르치는 형태로 학교가 변하게 될 것이라고 한다. 다음은 윌리엄 할랄 조지워싱턴대학교수의 말이다.

> "미래는 정보의 시대(Information Age)가 가고 지식 이상의 가치와 목표를 중시하는 영감의 시대(Spiritual Age)가 올 것이다."

미래학적 관점에서 이야기하는 진정한 인재란 리더십, 문제해결능력, 창의적 분석적 사고, 팀워크, 의사소통능력, 의사 결정 능력을 갖춘 사람을 말한다. 과거에는 좌뇌 주도의 생각(L-Directed Thinking)이 중요했다면, 미래에는 우뇌 주도의 생각(R-Directed Thinking)을 하는 인재가 필요하다고 미래학자 다니엘 핑크는 주장했다.

또한 하이테크(high-tech)만으로는 부족하며, 이에 더해 하이컨셉(high-concept)과 하이터치(high-touch)가 가미되어야 한다고 덧붙였다. 하이컨셉은 예술적이고 감성적인 미를 창조하는 능력, 기회를 포착하는 능력, 이야기를 구성지게 표현하는 능력, 관련이 없을 것 같은 아이디어를 참신한 발명으로 연결할 수 있는 능력이다. 하이터치는 감정이입 능력, 인간의 미묘한 상호작용을 이해하는 능력, 일상적인 무료함에서 벗어나 재미를 찾고 이를 타인에게 유도하는 능력이다.

이와 같은 능력들을 발전시키기 위한 전제는 자기이해이다. 자신의 감정과 느낌을 알아차리고 조절하지 못하면서 타인에 대한 이해, 공감 능력이 발달할 수는 없다. 이러한 능력은 성공적인 학습의 전제이다. 자신의 정서, 사고의 방향성을 인지하고 조절하는 능력을 갖춘 사람이 공부도 잘할 수 있다.

개인은 바뀐 시대에 걸맞은 인재로 변해야 한다. 2020년을 향해가는 현재에는 상상력과 창의의 중요성이 강조되면서 전문성이 있고 통합적인 사고를 할 수 있는 창의적인 '파이플러스형 인재'를 추구하고 있다. 향후 인공지능이 할 수 없는 일, 인간이 더욱 강점을 보이는 일이 무엇인지 파악하고 재능을 살려야 한다. 기계가 대체하기 힘든 것에는 비판적 사고능력(정보판별력), 통찰력, 공감능력, 창의력 등이 있다. 이와 더불어 프로그래밍 언어로 문제를 해결하는 능력인 컴퓨팅 사고 교육은 4차 산업혁명 시대와 초연결 사회에 반드시 필요하다. 미래에 인간이 계속 수행할 수 있는 일자리는 비정형적이고 이동성이 높은 업무다. 정형화된 업무는 자동화되고 작업은 더욱 세분화되며, 온라인 업무가 증가하면서 인간끼리 직접 대면하는 일이 줄어들고 업무 시간과 공간의 개념도 사라질 것이다. 우리는 미래 직업을 고민해야 한다. 소프트웨어 개발자뿐 아니라 의사, 변호사, 작가 등 전문직 종사자도 기술에 관심을 갖고 변화에 민감하게 대응할 필요가 있다. 미래에는 정보의 신속한 처리, 오류없는 정확한 수행은 기본 능력이 된다. 자신의 직업에서 성과를 내려면 소통, 협력, 창의처럼 인간만이 가질 수 있는 역량을 더욱 키워야 한다. 《4차 산업혁명 시대 대한민국의 기회》중에서, 이재홍

캡틴 아메리카가 어벤저스의 리더인 이유

"싸움실력은 부족해도 바른 품성 돋보여"

영화 '어벤저스(The Avengers)'의 원작 만화에선 이런 장면이 나옵니다. 거대한 산도 평지로 만들어 버리는 토르의 망치 '묠니르'를 놓고 어벤저스 멤버들이 내기를 하죠. 힘깨나 쓴다고 생각하는 히어로들이 나서 신비의 망치를 들어보려 합니다. 그러나 괴력을 가진 헐크도, 최첨단 기술로 무장한 아이언맨도 꿈쩍조차 못합니다.

그때 토르가 웃으면서 말하죠. "묠니르는 신만이 사용할 수 있는 무기"라고요. 토르는 북유럽 신화에서 신들의 왕인 오딘의 아들로 천둥의 신입니다. 그 때 어벤저스의 리더인 스티브 로저스(캡틴 아메리카)가 망치를 움켜쥡니다. 그리고 모두가 놀랄 상황이 벌어지죠. 로저스가 묠니르를 드는 데 성공한 겁니다. 로저스의 고결한 인품을 알아본 묠니르가 자신을 사용할 수 있도록 허락한 것이었습니다.

오늘 인간혁명은 한국뿐 아니라 전 세계에서 큰 흥행을 했던 영화 어벤저스의 이야기로 시작해보려고 합니다. 어벤저스는 사상 최고의 히어로들만 모아놓는 팀 '쉴드(Shield)'의 이야기죠. 쉴드에는 아이언맨, 헐크, 스파이더맨, 토르 등 이름만 들어도 쟁쟁한 영웅들이 있고 이들이 한 팀이 돼 지구를 지킵니다. 그런데 재밌는 것은 팀의 리더가 캡틴 아메리카, 즉 스티브 로저스라는 사람이란 거죠.

사실 로저스는 다른 멤버들에 비하면 매우 '평범한' 인물에 가깝습니다. 레이저를 쏘며 하늘을 나는 아이언맨이나 불사의 체력과 강력한 힘을 가진 헐크, 천둥의 신 토르 등과 비교했을 때 전투 능력은 그들에게 훨씬 못 미칩니다. 그럼에도 불구하고 로저스가 어벤저스의 리더가 된 이유는 뭘까요.

어벤저스처럼 우리 사회엔 각자의 분야에서 훌륭한 능력을 갖춘 '히어로', 즉 전문가들이 많습니다. 그리고 미래 사회에는 전문성이 더욱 깊어지고 분화되겠죠. 이처럼 사회가 복잡해지고 다원화 될수록 머리를 맞대고 협업을 해야만 풀 수 있는 문제들이 더욱 많아집니다. 특히 '초연결성'을 특징으로 하는 4차 혁명시대에는 다양한 가치를 조율하고, 개성이 다른 사람들을 조화시키는 능력이 필수로 여겨집니다.

2016년 다보스포럼도 미래사회의 인재가 갖춰야 할 핵심역량 5가지 중 하나로 '협업능력'을 꼽았습니다. 아울러 사람들 사이의 조화를 이끌어내고 원활하게 커뮤니케이션하는 사람관리 능력도 핵심역량으로 제시했습니다. 이주호 전 교육과학기술부 장관(KDI 국제정책대학원 교수)은 "4차 혁명시대에는 상호 의존과 연결이 심화되기 때문에 여러 사람과 팀을 이뤄 새로운 것을 만들어내는 능력이 더욱 중요해진다"고 말합니다.

실제로 구글은 인재를 뽑을 때 바른 품성을 가장 중시합니다. 구글의 '라즐로 복'은 2014년 2월 뉴욕타임스와의 인터뷰에서 '지적 겸손' 등 구글이 중시하는 5가지 인재상을 제시했습니다. 단순히 머리가 좋거나 스펙이 뛰어난 사람보다는 책임감 있고, 문제해결을 위해 적극적으로 노력하면서, 다른 사람의 아이디어를 존중할 줄 아는 사람이 구글이 원하는 인재라는 것이죠. 그러면서 "5가지 기준 중 전문지식은 가장 덜 중요하다. 머리에 있는 지식보다 필요한 정보를 한데 모으고 새로운 것을 배우는 학습능력이 우선"이라고 강조했습니다. 특히 '나도 틀릴 수 있다'는 생각, 타인의 의견을 받아들이는 '지적 겸손'이 매우 중요하다고 강조합니다. 만일 똑똑한 사람이 '지적 겸손'을 갖추지 못한다면, 실패할 경우 그 책임을 다른 팀원이나 상사 탓으로 돌리는 경우가 많기 때문입니다.

자신의 분야에서 전문성을 갖추는 것도 중요하지만 이보다 중요한 건 다른 사람과 협업하고 시너지를 내는 일입니다. 그러기 위해선 마음이 열려 있어야 하고 상대를 존중·배려할 줄 알아야 합니다. 즉 '바른 인성'을 갖추는 것이 지금의 사회, 나아가 4차 혁명시대엔 필수 능력이라는 겁니다.

구글이 신입사원 채용 시 중시하는 5가지

- 학습 능력 : IQ가 아니라 필요한 정보를 한 데 모으고 새로운 것을 배우는 능력

- 새로운 리더십 : 팀의 구성원으로서 협업을 이끌어 내는 리더십과 팔로어십

- 지적 겸손 : 다른 사람의 아이디어를 포용하고 배우려는 자세

- 책임감 : 공적인 문제를 자신의 것처럼 생각하는 주인의식

- 전문지식 : 해당분야의 전문성. 그러나 5가지 중 가장 덜 중요

※ 학점, 시험 점수 등은 큰 영향을 미치지 않음.

《인성이 최고 실력이다》 중에서, [윤석만의 인간혁명] 4차 혁명시대

세상을 외면하는 천재,
세상을 사랑하는 바보.
승자는 누구일까

공부만 잘하는 루저(loser)

> 열정과 끈기는 평범한 사람을 비범하게 만들고
> 무관심과 무기력은 비범한 사람을 평범하게 만든다.
>
> —와드

우리가 꼭 삶을 살아가는 데 있어서 세상 앞에 번듯하게 내세울 상징적인 무언가를 성취해야 하는 것은 아니다. 타인의 인정만을 갈구하며 살아야 하는 것도 아니다. 그러나 분명한 것은 타인과 '함께' 세상을 살아 나가야 한다는 것이다. 스스로 똑똑하다는 자기 위안을 방패삼아 나누지 못한 고립된 생각들만 끌어안은 채 산다면 정말 똑똑한 사람으로 산 것일까?

성공의 반대는 아무 시도도 하지 않는 것이라고 한다. 시도조차 하지 않는 천재는 아무 생각이 없이 사는 사람과 다를 바 없다는 어느 작가의 말처럼, 실패를 피하기 위해 스스로를 고립시키며 아무것도 시도하지 않는 사람이야말로 실패한 사람이다.

자신이 좋아하는 분야에 대한 열정과 관심, 학업 성취도 중요하지만 세상을 바라보는 자신만의 안목을 가지는 것이 중요하다. 지금 우리 사회에서 어떤 일이 생기고 있는지, 그 일에 대해서 다른 사람들은 어떤 생각을 하는지, 우리 사회의 주류가 되는 가치들은 진정 내가 받아들일 만큼 의미 있는 것들인지, 자신이 살아가면서 가져야 하는 가치 있는 생각들은 무엇이어야 하는지, 세상 사람들은 누구를 비난하는지, 또 누구를 높이 세우고 있는지, 무엇을 맹목적으로 쫓고 있는지, 무엇을 눈감고 외면하고 있는지를 생각할 줄 알아야 한다.

생각할 줄 모르고 생각할 의지도 없는 1등은 꼴찌와 다름없다. 공부 외에는 할 줄 아는 게 없고, 하고 싶은 것도 없는 모범생을 현대 사회는 원하지 않는다. 입시에 다양한 전형은 교과 공부만 잘하는 학생을 뽑지 않겠다는 의미이다. 공부만 잘하고 인성의 기본을 갖추지 못한 인재, 주변 사람들과 의사소통이 안 되는 인재, 자신의 분야 이외에는 아무것도 모르고, 알고 싶어 하지도 않는 인재는 진정한 인재가 아니다.

그렇다면 진정한 인재란 무엇일까? 수학 문제를 잘 풀지만 소설 한 편을 읽고도 아무것도 느낄 수 없는 정서를 가졌다면 과연 사회가 요구하는 바람직한 인재라고 할 수 있을까? 아름다운 꽃 한 송이를 보고도 아름답다는 '생각'이 아니라 아름답다고 '느낄' 줄 알아야 한다. 아름답다는 것을 아는 것이 아니라 마음으로 느낄 줄 아는 사람이 되어야 한다. 이것은 단지 사회가 요구하는 인재상이라서가 아니라 스스로의 삶을 행복하게 만들어 갈 수 있는 중요한 능력 중 하나이다.

앞으로 사회 속에서는 어떤 분야에 종사하든지 타인의 생각의 핵심을 파악하고, 나아가 깊이 있게 공감할 줄 아는 능력이 필요하다. 상대방의 의견이나 생각에 무조건 공감하고 동조하라는 뜻이 아니다. 비판도 이해가 되었을 때 할 수 있다.

글이나 말을 읽고 듣는 것은 누구나 할 수 있다. 그러나 더 깊은 이해의 능력, 즉 공감 능력을 갖추지 못한다면 마음이 따뜻한 사람이 되지 못할 뿐만 아니라 의사소통도 되지 않는다. 공감능력이 낮은 사람은 상황에 따라 상대방이 지금 어떤 마음인지, 기쁜지 혹은 슬픈지를 구분하지 못한다. 바꿔 말하면 내가 한 말을 듣고 상대방이 어떤 기분과 느낌을 받을지 전혀 예상을 할 줄 모른다.

사실 이것은 심각한 결핍이다. 공감능력은 단순히 반듯한 인성을 갖춘 사람으로 성장해야 하기 때문에 필요한 것이 아니다. 다른 사람과 어떤 식으로든지 관계를 맺는 데 필수적인 능력이 바로 공감력이다.

동국대 조벽 석좌교수는 "AI에 대항하는 인간 경쟁력은 여럿이 일구는 집단 지능이다. 즉 더불어 일하는 인성이 실력이다"라고 말했다.

미래사회는 인공지능이 보편화된다. 인간이 로봇과 달리 구분지어질 수 있는 영역은 마음, 정서를 가지고 있다는 것이다. 앞으로 우리 교육의 미래는 지식 중심이 아니라 보다 바람직한 정서와 마음을 가르치는 방향으로 나아갈 것이라고 한다.

이러한 공감능력을 기르기 위한 가장 좋은 방법은 문학을 탐독하는 것이다. 단순히 인문학적 소양을 갖춘 교양 있는 인간으로 성장하기 위해서 문학을 탐독하라는 것이 아니다. 문학작품을 통해 깊이 있는 인간 본성에 대한 이해와 고귀한 삶의 가치들을 느껴보는 것은 세상을 바라보는 시야를 넓혀 주고 공감의 폭을 확대시킨다. 당장 입시에 도움이 안 된다고 이런 부분에서 독서를 소홀히 한다면 타인의 생각과 마음을 이해할 수 없는 정서적 부진아가 된다.

공부를 잘하지만 공부 외에는 그 어떤 영역에도 순수한 호기심을 보이지 않는 학생들이 있다. 이런 학생들은 대체로 표정이 굳어있다. 최근 이슈가 되는 사회 현상이나 뉴스거리 등에 대해서도 시험과 관계없다는 판단이 들면 관심과 호기심을 보이지 않는 학생들도 있다. 자신이 해야 하는 공부 외에는 흥미가 없고, 주변 사람들의 생각이나 감정, 사회 현실에 대해서도 관심이 없으며 오로지 자신의 성적에만 집착한다. 결과적으로 이런 학생들은 좋은 결실을 맺지 못하는 경우가 많다.

교육과정과 학교생활은 과거에 비해 협동과 공동의 문제해결을 중시하고 있다. 학생 평가가 수치나 점수로 평가하는 방식에서 보다 종합적으로 평가하는 방식으로 변화하고 있다. 타인에 대한 배려, 윤리의식의 정도, 관계 형성 능력, 의사소통 능력 등은 객관식 문제를 통해 점수화하기 어려운 부분이다. 또한 최근 학교에서는 개인이 홀로 성취하는 과제보다는 다 같이 함께 성취는 과제의 비중이 늘고 있고 특히 동아리 활동을 통해 하나의 연구과제를 설정하고 이를 다 같이 탐구하는 형태로 자신의 진로 분야에 대한 적합성을 탐색하는 활동이 많다. 그렇기 때문에 당연히 기본적인 배려심과 공감능력, 소통능력이 떨어지는 학생들은 좋은 결과로 이어지기가 힘들다.

진정한 공잘친들은 이런 부분에서 공부 못지않은 능력을 보여준다. 상대방의 필요를 파악하는 능력, 자신의 의사를 부드럽게 표현하여 상대로부터 원하는 결과를 얻어내는 능력, 상황에 따라 자신의 감정을 조절하는 능력, 양보를 결정하는 상황 판단력 등이 뛰어나다. 공잘친은 적이 없고, 오히려 그들을 도와주려는 사람들로 가득하다. 공부를 잘하는 것만이 내가 원하는 성공으로 가는 길이 아니다. 지금부터라도 주변사람들과 조화로운 관계를 맺는 것이 목표를 달성하는 지름길임을 알아야 한다.

타인과 원만한 관계를 맺으면서 자신의 의사를 표현하고 성과를 도출해내는 것은 하나의 능력으로 평가받는 시대다. 대학에서 원하는 인재, 미래사회가 요구하는 인재 또한 그러하다. 따라서 대학에서는 성적만 높은 학생이 아니라 학생의 비전을 보고 뽑고자 한다. 점수와 수치로 된 성적표만이 아니라 생활기록부나, 자기소개서를 보는 이유다.

대학에서는 이미 다양한 전형으로 뽑혀 들어온 학생들을 종단연구 형태로 추적 관찰하고 4년간의 대학생활을 분석하여 이를 데이터화한 곳도 있다. 어떤 전형과 성적으로, 어떤 스타일의 생활기록부를 가지고 입학했는지, 과연 어떤 형태로 들어온 학생들이 대학의 발전에 기여할 수 있는 바람직한 인재가 되겠는가를 면밀히 분석한다.

학생들의 자기소개서를 보면 다양한 미담이 실려 있다. 이렇게 착하고 성실한 학생이 대학에서도 그와 같은 모습을 일관성 있게 보여주고 있는지를 분석한다. 자기소개서에는 길에서 우연히 마주친 폐지를 줍고 있으신 할머니를 도운 적이 있을 정도로 봉사정신이 투철하다고 적혀 있는데, 왜 대학 강의실에는 아무렇게나 쓰레기를 버리는 학생들이 많은지, 다양한 고교 교내 동아리 활동을 했다고 한 학생이 과연 대학에서는 협업적인 과제를 능숙하게 처리하고 있는지 등을 연구한다. 과연 이런 유형의 자기소개서를 쓴 학생은 대학에 들어와서 학교 발전에 기여할 정도의 역량을 발휘하고 있는가? 우리 대학이 올바르게 학생들을 선발하고 있는가? 이에 대한 해답을 찾기 위해 별도의 연구를 진행하는 것이다.

대학에서 원하는 인재를 단적으로 말하자면 대학 발전에 기여할 수 있는 학생이다. 모교를 빛내줄 역량을 가진 학생을 원한다. 학생의 개인적인 성공과 성취를 바라면서도 그 과정에서 모교의 이름이 드높아지기를 원한다. 어떻게 하면 보다 좋은 학생을 뽑을까에 관한 고민은 대학의 명예와 존립이 달린 문제이기 때문이다.

좋은 학생이란 공부만 잘하는 학생이 아니라 올바른 인성을 갖춘 학생이라는 생각이 대학의 생각이다. 미래에는 인성이 스펙이 되는 시대다. 우리 사회는 차가운 이성과 따뜻한 마음을 가진 인재를 요구한다. 따뜻한 마음은 '나'에서 벗어나 '나 이외의 것들'에 관심을 가질 줄 알 때 생긴다.

교사로서 학생이 뛰어난 학업적 성취나 사회적 성공을 이뤄나가는 것을 지켜보는 것도 큰 보람이지만, 스스로 자신의 삶을 행복하게 만들어갈 수 있는 역량을 키워가는 것을 지켜보는 것이야말로 진정한 보람이라고 할 수 있다. 미래사회는 스스로 행복해질 수 있는 사람, 세상에 밝고 따뜻한 관심을 기울일 줄 아는 사람을 원한다.

"산업화 시대엔 잘 외우고 문제를 빨리 푸는 사람이 인재였다. 우리 교육은 초·중·고교, 대학교, 심지어 대학원까지 산업화 시대의 교육을 유지하고 있다"고 비판했다. 그는 축적된 데이터 속에서 필요한 것을 찾고 조합하는 사람이 필요한데, 그런 인재를 우리 교육은 길러내지 못하고 있다고 지적했다.

—조영태 서울대 보건대학원 교수

"타인과 교감하는 공감의 뇌는 주로 4세 이전에 부모와 상호작용하며 발달한다. 어려서부터 주변과의 정서적 상호작용이 중요하다."　—신의진 연세대 의대 교수

"지금처럼 문·이과를 나누고 지식 암기 위주의 수업을 하면 미래 인재는커녕 현재의 인재도 키울 수 없다. 학문간 경계를 허물고 융복합할 수 있는 능력을 키워주는 교육이 절실하다."　—신성철 KAIST 총장

"교문을 열고 나가면 세상 모든 일은 이마를 맞대고 협업하고 있다. 교실에서도 협업하고 함께 문제를 푸는 능력을 길러줘야 한다."　—최재천 이화여대 석좌교수

"4차 산업 혁명의 본질은 기계 혁명이 아닌 문화 혁명. 그 운전석엔 교육이 앉아."

— 김창수 중앙대 총장

"과거와는 달리 이제는 교육 목표 중요성 커져 나눔의 관계에 중점을 둬야."

—이재정 경기도 교육감

"지금 같은 공부 의미 없어져 스스로 사고할 여유를 줘서 경험하고 상상하게 해야."

—이준구 서울대 명예교수

중앙일보 기사 中, 2018. 1. 12

미래사회가 요구하는 능력. 협력적 문제 해결력 한국 정말 뛰어날까

〈문제〉 당신은 가상의 친구 A·B와 모둠을 이뤄 온라인 채팅을 하며 협력해 문제를 풀려고 한다. 모든 문제를 빨리 푸는 모둠이 이긴다. A가 "이걸 하려면 어떤 방법이 가장 좋을지 잘 모르겠다"고 하자, B가 "일단 시작해 보자"고 했다. 이 상황에서 '나'는 뭐라고 대화를 이어가면 좋을까?

① "벌써 시작한 팀이 있을지도 몰라."

② "문제가 쉬우면 좋겠어."

③ "우선 어떤 전략이 좋을지 얘기해 보는 게 좋겠어."

④ "일단 시작하면 뭘 할지 알 수 있을 거야."

경제 협력 개발기구(OECD)가 지난달 21일 발표한 '2015 협력적 문제 해결력(CPS·Collaborative Problem Solving)' 평가에 나온 문제다.

CPS란 '다른 사람과 협력해 문제를 해결하는 능력'을 말한다. 이런 능력은 점점 중시되고 있다. 지난해 다보스포럼이 제시한 미래 역량에도 사람 관리 능력, 협업 능력 등이 포함됐다. OECD는 3년마다 만 15세를 대상으로 '국제 학업성취도 평가(PISA)'를 해 왔다. 그간엔 읽기와 수학·과학 성취도만 평가했다. 2015년 평가에선 이들 영역 외에 처음으로 CPS를 추가했다.

OECD의 CPS 평가엔 52개국이 참여했다. OECD는 15세 학생들에게 위와 같은 문항을 컴퓨터 모니터에서 보여주고, 가장 적합하다고 생각하는 보기를 고르게 했다. 학생들이 어떤 보기를 선택하는지를 따져 CPS를 측정했다. 〈중략〉 CPS는 국내외에서 점차 강조되는 역량이다. 한국에선 내년부터 초·중·고교에 적용되는 '2015개정 교육과정'이 역량 중심으로 구성됐다. 평가원 서지영 연구위원은 "2015 교육과정은 단순히 지식을 전달하는 것이 아니라 미래사회가 필요한 여섯 가지 역량을 기르도록 구성했다. 자기관리 능력, 지식정보처리 기술, 창의 사고력, 심리 정서적 능력, 의사소통 기술로 모두 CPS와 관련 깊다"고 설명했다.

* 협력적 문제해결력(Collaborative Problem Solving): 둘 이상이 문제를 함께 해결하기 위해 지식·기술·노력을 끌어내고 이해와 노력을 공유하는 과정에 요구되는 능력, OECD가 2015년 처음 평가해 최근 결과가 나왔다. 전 세계 52개국이 참여하였으며 싱가포르, 일본, 홍콩, 한국 순으로 점수가 높았다.

중앙일보 기사 中, 2017. 12. 4

왜 공부 잘하는 친구는
졸지 않을까?
무한 체력의 비밀

내일이 곧 지금이다.
—엘리너 루스벨트

중학교에서 고등학교로 진학하여 가장 먼저 느끼는 스트레스는 시간일 것이다. 등교시간이 빨라지고 하교시간은 늦어진다. 하교 이후에도 대부분의 학생들이 학교에서 자습을 하든, 학원을 가든, 늦은 밤까지 공부하는 형태로 스케줄이 짜여 있다.

하루에 인간이 머릿속으로 생각하는 것이 대략 6만 가지 정도라고 한다. 청소년들은 6만 가지 이상의 생각들을 거의 잠들기 직전까지도 최대한 가동하도록 강요받는 시스템 속에 있다. 그러니, 아이들이 피곤해하는 것이 당연한 것이다.

공부를 하지 않더라도 우리나라 학생들의 취침 시간은 늦은 편이고, 그에 비해 등교시간은 매우 이른 편이다. 등교시간을 늦춰서 운

영하는데, 일부 지역에서는 당해 수능 시험에서 1교시 국어 영역의 성적이 상대적으로 낮았다는 분석이 나왔다. 학생들의 건강과 정상적인 생활리듬을 위해서는 등교시간을 늦춘 것은 바람직하다. 그러나 기본적으로 수능 자체가 절대 평가가 아닌 이상 다른 지역의 학생들은 그보다 1시간 빨리 등교하고, 그 지역 학생들만 늦게 등교를 하다 보니, 상대적으로 1교시 국어 성적이 떨어질 수밖에 없었다. 그 지역 학생들의 시간표상으로 봤을 땐 수능 시작 시간이 기상 시간인 것이다.

필자가 생각하는 문제는 등교시간이 빠른 것이 문제가 아니라 학생들이 늦게 잔다는 점이다. 수면 시간을 늘리기 위해서 등교시간을 늦춘다면 더 늦은 밤까지 공부하는 학생들이 생길 것이다. 아침에 일찍 일어나는 것이 힘든 것이 아니라, 총 수면 시간이 적기 때문에 힘든 것이다. 상대평가라는 체제 속에서 아이들은 경쟁을 위해 늦게까지 공부할 수밖에 없기 때문이다. 8시까지 등교라면, 밤 12시까지 공부하고, 9시까지 등교하라고 하면 새벽 1시까지 공부하고 잘 것이라는 얘기다. 등교 시간이 9시가 되든, 10시가 되든 그것은 의미가 없다.

수면 시간이 적다 보니 학생들은 수업시간에 많이 졸고 있는 모습을 보인다. 그런데 참 이상한 것은 공부 잘하는 아이들은 졸지 않는다는 점이다. 정말 신기한 일이다. 교직생활을 10년 넘게 해 오면서 공잘친이 수업 중 졸고 있는 것을 본 적이 없다. 전교 1등이 엎드려

자는 것을 단 한 번도 본 적이 없다.

필자가 고3일 때 같은 반에 전교 1등을 하는 친구가 앞자리에 앉아 있었다. 피곤해하거나 졸려 하는 모습을 본 적이 없었다. 지금 기억 속엔 쉬는 시간에 항상 친구들과 웃는 얼굴로 밝게 떠들던 모습만 남아있다. 그때 당시에는 '저 친구는 왜 피곤해하지 않을까? 왜 늘 즐거울까?' 하는 생각을 했던 기억이 떠오른다.

지금 교단에 서서도 똑같은 일을 목격하게 된다. 졸지도 않고, 피곤해 하기는커녕 늘 웃는 얼굴이다. 이것은 뭔가 이상하다. 만약 그들이 많이 자기 때문에 피곤함을 못 느낀다면, 결국 그럼에도 공부를 잘하는 이유는 '머리가 좋아서'라는 식상한 결론에 도달하게 된다. 너무 힘 빠지는 결론이다. 그러나 필자가 보기에 그렇지 않다. 그들도 평균 수면시간이 짧다. 입시에 스트레스를 받고, 늦게까지 공부한다. 실제로 공잘친들에게 물어보면 수면시간이 4~5시간밖에 되지 않는다. 길어야 6시간이다. 노력 없는 성취는 없다. 그들도 수면시간을 줄이며 공부하고 시간을 아낀다. 그럼에노 불구하고 그들이 졸지 않는 이유는 무엇일까?

평소 쉬는 시간에 학생들이 하는 행동을 보면, 부정적인 생각과 행동들이 많다. 입버릇처럼 '피곤하다', '싫다', '졸린다', '짜증난다'고 말한다. 더 거친 표현들도 쉴새 없이 쏟아진다.

말에는 힘이 있다. 내뱉는 순간 몸과 마음이 정말로 그렇게 변화한다. 거침없이 내뱉는 부정적인 말, 불평과 불만, 욕설, 거친 행동들을 하면 할수록 스트레스가 풀리는 것이 아니라 몸은 더욱 피곤해지고, 공부는 점점 더 하기 싫어진다. 하기 싫다고 생각하는 순간 에너지는 떨어지며, 정말 할 수 없는 상황이 되어버린다. 하기 싫다는 생각을 하고 말로 내뱉는 과정에서 정말로 할 수 없을 만큼 두뇌 활동량이 줄어들고, 몸의 컨디션이 다운될 것이다. 사실 이런 부정적인 표현은 주변 사람들이 하는 말을 듣기만 해도 영향을 받는다.

그러나 공잘친들은 다르다. 공잘친들 중에 불평불만을 입에 달고 사는 부류는 단언컨대 없다. 그들이 피곤해하지 않고, 졸려 하지 않는 이유도 바로 그것이다. 거침없는 말과 행동을 통해 학교생활의 스트레스가 해소된다고 생각하는 것은 착각이다. 어쩌면 그 반대일 수 있다. 즉, 공잘친들은 부정적인 말이나 생각들을 통제한다.

지금 이 글을 읽으면서 필자의 이야기에 공감되지 않을 수도 있다. '그게 사실인데, 뭘. 수업은 지루하고 재미없는 건 사실이야. 그런데 어떻게 좋게 생각하라는 거지?' 그러나 그것이 사실인지 아닌지는 중요하지 않다. 설령 그것이 사실이자 진짜 현실이라 하더라도, 긍정적인 사고를 통해 성적을 올릴 수만 있다면 눈 질끈 감고 한번 달라져 볼 만하지 않을까?

때로는 사실을 냉정하게 직시하는 것보다 자신에게 보다 유리할 수 있는 사실만을 받아들이는 것이 우리를 이롭게 하기도 한다. 바꿀 수 없는 것을 두고 불평하고 원망하는 것은 아무것도 득 될 것이 없다.

우리 사회에서 존경받는다는 인물들 중에 수면시간이 짧은데도 불구하고 에너지 넘치는 하루를 보내는 사람들이 있다. 그들이 그렇게 활기찬 하루, 에너지 넘치는 삶을 사는 것은 그들이 유달리 타고난 체력을 가졌다거나, 아주 강한 의지로 피곤함을 억지로 참는 것이 아니다.

'나는 건강하고, 내 삶은 활기차고, 나는 할 수 있다'라는 생각을 가지고 그 느낌을 몸으로 전달시키면 바로 그렇게 되는 것이다. 빌 게이츠는 매일 아침 일어나서 자신을 향해 두 가지를 말해 준다고 한다. "오늘 나에게 좋은 일이 생길 것이다. 나는 무엇이든 할 수 있다."

의식적으로든 무의식적으로든 자신의 몸과 마음에 대해 긍정성을 유지해야 한다.'나는 에너지가 넘치고, 오늘 하루를 보람 있게 보낼 건강한 몸을 가지고 있다. 나는 이 상황을 충분히 견디고 즐길 수 있는 힘을 가지고 있다'라는 생각을 온몸으로 느껴야 한다.

공잘친이 졸지 않는 것도 이상하지만, 성적이 좋지 못한 학생들이 더 많이 졸려 한다는 것도 이상한 일이다. 졸고 있는 아이들은 매번, 늘 졸고 있다는 점도 이상하다. 이것은 무엇을 의미할까?

정말 졸려서 자는 것이 아니라는 말이다. 계속해서 잠을 자려고 하는 일종의 '의지'가 무의식으로 내포된 행동이다. 보통 이런 학생들은 우울한 정서 상태를 보이는 경우가 많다. 스스로 피곤해하기를 원하는 마음을 가지고 학교에 등교하는 것이다. 피곤해서 아무것도 하고 싶지 않은 것이 아니라, 아무것도 하고 싶지 않아서 피곤한 것이다. 피곤하다고 생각하는 순간, 즉 피곤을 선택하는 순간 잠이 몰려온다.

그게 아니라면 여기저기 몸이 아플 수도 있다.

학생들이 아픈 이유 중에는 심리적인 요인이 크다. 누군가에게 따뜻한 관심과 위로를 받고 싶은 마음이 드러난 것일 수도 있다. 그것이 선생님이든 부모님이든, 친구가 되든, 관심과 사랑을 받고 싶은 무의식적인 마음이 몸의 이상으로 나타나곤 한다. 대부분의 아이들이 호소하는 통증은 스트레스에서 기인하는 경우가 많아서, 힘든 마음을 조금이나 풀어주는 것이 중요하다. 습관적으로 미미한 통증을 호소하며 특정 과목의 수업을 피할 목적으로 보건실에 가는 학생들도 있다. 보건선생님은 이런 학생들에게 플라시보 약을 종종 처방하기도 한다. 늘 같은 시간에 배가 아프다며 보건실에 오는 학생이 있는데, 일부러 비타민제를 주는 데도 '약을 먹어서 이제 괜찮다. 다 나은 것 같다'고 말하는 것을 보면 심리적인 문제가 크게 차지하고 있다는 것을 알 수 있다.

공부를 잘하는 친구들이 수업시간에 졸지 않는 비법. 그들이 매일 활기찬 이유는 스스로 그러기를 '선택'했기 때문이다. 피곤해할지, 활기차게 하루를 시작할지를 그저 '선택'하면 된다.

생각이 제대로 자리 잡으면 기분이 변한다. 생각이 제대로 자리 잡았는지를 확인하는 기준은 기분이다. 기분이 좋아져야 한다. 공부할 때마다 자신의 기분을 유심히 살펴야 한다. 이제 생각과 기분을 선택하자. 생각을 통제하고 기분을 통제하면 몸은 자연스럽게 따라오게 되어 있다. 기분이 좋으면 에너지가 올라간다. 힘이 생긴다. 힘이 넘치는 데 피곤할 이유가 없다. 당연히 졸지 않는다. 아무 생각이나 머 릿속에 떠오르도록 내버려 둬서는 안 된다.

세종고등학교에서는 매일 아침 감사일기 쓰기와 아침 명상시간을 갖는다. 이는 아이들에게 어떤 변화를 가져왔을까.

· "잠을 덜 자요. 수업시간에 졸린 게 덜해요. 진짜예요. 진짜 재미없는 수업이 몇 개가 있는데 그럴 때도 안 졸고 열심히 들으려고 노력하게 되는 것 같아요."

— 고1 김현지 학생

· "처음 시작 할 때는 귀찮기만 하고 불 꺼놓고 뭐하는 짓인지 몰랐는데, 일단 공 부하는 집중력이 높아진 것 같다는 느낌이 들어요. 전에는 30분 앉아있을 거면, 지금은 2시간 정도 앉아 있어요. 정말로요."

— 고1 김재희 학생

〈EBS 다큐멘터리, 공부 못하는 아이〉 中

공부가 잘되는
마법의 시간은 따로 있다
1등만의 시크릿 타임

매일 아침 일어났을 때 행복하지 않거든 일을 시작하라.
그리고 그에 대해서도 별로 흥이 나지 않거든 성공 따위는 꿈꾸지 마라.
—도널드 M. 켄달

등교를 앞둔 아침은 항상 무겁다. 일어나야 하는데, 눈을 떠야 하는데, 알람은 울려대고, 몸은 움직이질 않는다. 매일 아침 아이들의 모습이다.

즐거운 여행을 앞두고, 또는 좋아하는 사람을 만나는 날 아침 풍경도 그러할까? 오늘이 바로 손꼽아 기다리던 날이라면 알람도 없이 벌떡 일어났던 기억이 있지 않은가. 생각해 보면 육체적 피로로 인해 아침에 일어나는 것이 힘든 것보다 오늘이 설레는 오늘이 아니라서 일어나기 싫은 것이 더 클지도 모른다. 육체는 마음의 상태를 반영한다. 무거운 마음이 무거운 몸을 만든다.

15년 전쯤 '아침형 인간'이라는 말이 유행한 적이 있었다. 아침에 일찍 일어나고 저녁에 일찍 잠자리에 드는 생활 유형을 지닌 사람들을 일컫는 말이다. 2003년 사이쇼 히로시가 쓴 《아침형 인간》이 국내에 번역되면서 소개된 말로 10여 권의 동종 서적이 연이어 출간될 만큼 사회적 관심을 끌었다. 아침을 정복하는 자가 성공한다는 논리를 펴고 있는 사이쇼 히로시의 아침형 인간은 하루 일과를 일찍 시작하도록 권하는 사회 분위기를 조장하는 데 한몫했다. 특히 성공한 기업 CEO들의 생활 유형이 아침형 인간에 부합한다는 구체적인 사례를 바탕으로 아침형 인간이 되기 위한 시간 관리법이나 적은 시간으로 숙면을 취하는 법 등이 회자되었다.

그러나 웰빙을 중시하는 사회적 분위기 속에서 아침형 인간이 개인의 체질을 무시한 채 성공만을 위한 행동 지침으로 강요되고 있다는 반론도 제기되었다. 아침형 인간이 되려면 적어도 밤 1시 이전에 잠들고 새벽 5시 이전에는 일어나야 하며 수면 시간은 짝수 6시간이나 8시간으로 정해야 한다는 등의 구체적인 권장 사항이라고 한다. 물질적이고 가시적인 성취만을 요구하는 사회의 상박적 억압증에 가깝다는 주장이 그것이다.

그러나 최근 들어 《미라클 모닝》과 같은 책이 베스트셀러에 오르면서 다시 한 번 아침시간의 중요성에 대해 주목하기 시작했다. 이 책의 저자인 할 엘로드는 스무 살 나이에 음주 운전을 하던 대형 트럭과 정면으로 충돌했다. 그 결과 6분간 사망했으며, 열한 군데의 골절과 영구적인 뇌 손상을 입었으며, 다시는 걸을 수 없다는 말까지 들었다. 빚더미에 올라 앉기도 했고 우울증까지 앓았다. 그러나 마침내 영업의 달인으로 명예의 전당에 이름을 올렸으며, 베스트셀러 작가이자 힙합 아티스트, 울트라 마라토너, 남편, 아버지, 그리고 세계적인 동기 부여 전문가로 거듭났다. 그는 그 비결을 '미라클 모닝'에서 찾았다. 아침에 일어나서 확신과 다짐의 말을 하는 것, 감사함을 느끼는 것, 일기를 쓰는 것, 명상을 하는 것, 운동을 하는 것 등 새롭게 시작된 하루를 기적이라고 느낄 수 있도록 짧은 시간이라도 자신만의 의식을 치르자는 것이다.

우리나라 현대 그룹 명예회장인 故정주영 회장은 젊은 시절 매일 3시에 기상했다고 한다. 회장이 되고 나서도 늘 새벽 4시에 기상을 해서 일과를 챙기고 7시에 출근한 것으로 알려져 있다. 아침형 인간이라는 말이 처음 생겨 난 일본에도 아침형 CEO가 적지 않다. 파나소닉의 창업자이자 일본의 경영의 신으로 불리는 마쓰시타 고노스케 역시 젊은 시절부터 새벽 일찍 일어나 경영을 시작했고, 세이부 그룹의 창업자인 츠츠미 야스지는 오전 5시에 중역회의를 열었다. 이런 아침 경영 문화는 일본의 정치인들에게서도 확인할 수 있다.

일본 전국시대 혼란을 종식시킨 오다 노부나가는 매일 오전 4시에 일어나 왕복 40리를 말을 타고 달리며 하루를 시작했다고 한다. 그의 시중을 들었던 도요토미 히데요시는 그보다 더 빠른 오전 3시에 일어나 오다 노부나가의 말을 준비했다.

스타벅스를 세계적인 커피 전문점으로 키운 하워드 슐츠 회장은 오전 4시 30분에 일어나 반려견과 산책을 하고 스타벅스 커피를 마시며 하루를 시작한다고 한다. 특히나 국내에서 인기가 많은, 노벨문학상 후보에도 오른 무라카미 하루키는 저녁 9시에 잠들어서 새벽 4시에 일어나서 글을 쓴다고 한다.

이처럼 성공하는 사람들의 아침은 특별하다. 남들보다 이른 시간에 일어날 수 있는 힘은, 그만큼 삶에 대한 열정이 크다는 의미일 것이다. 어쩌면 이른 아침에 일어나기 때문에 삶에 대한 열정과 기쁨이 더 커진 것일 수도 있다.

《둔감력》의 저자 와타나베 준이치는 외과 의사였다. 수시로 새벽 혹은 한밤중에 수술 콜을 받곤 해서 일어나는 것이 여간 곤혹스러운 일이 아니었다고 한다. 이런 저런 시행착오 끝에 잠자기 전 최면을 걸 듯 "2시간 후에는 일어나는 거야" 하고 몇 번이고 스스로에게 말하는 방법을 사용했다고 한다. 이러한 방법이 그에게 가장 효과적이었다고 밝히고 있다.

필자 역시 최근에 이 방법으로 일어나고 있다. 알람을 몇 개나 맞춰놓고 자긴 하지만, 자기 전 마음 속으로 몇 시에는 꼭 일어나야지 하고 마음속으로 되새기고 잠이 들면, 알람이 울리기 전 혹은 그 시간에 정확히 맞춰서 눈이 떠지는 신기한 경험을 여러 번 하였다. 무의식에 영향을 줘서인지, 와타나베 준이치의 말처럼 이런 방법이 정말 효과가 있다는 것에 공감하고 있다.

많은 학생들이 공부를 잘하고 싶어서 이 책을 집어 들었을 것이다.

공부를 잘하고 싶은 열망이 있다면 그 간절함으로 자신만의 의미 있는 아침시간을 만들어 보자. 진심으로 성적을 올리고 싶고, 원하는 대학에 진학하고 싶다면 평소보다 10분, 20분 빨리 일어나는 것이 크게 힘든 일은 아닐 것이다.

아침에 일어나서 라디오 주파수를 맞추듯 자신의 생각의 코드를 맞춰 보자. 부정적인 것이 아니라 긍정적인 것이면 무엇이든 좋다. 눈을 뜨면 자신이 생각하는 가장 즐거운 것을 생각하자. 그것이 학교나 학업과 관련된 것이면 더 좋다. 아침에 눈을 뜨자마자 생각한 것에서 감정이 형성되고, 그것이 하루를 지배한다. 공부는 엄청난 에너지가 소비되는 일이다. 학생들은 하루 종일 공부한다. 머리로만 하는 것이 공부가 아니다. 공부할 수 있는 기분과 마음을 세팅하는 것도 중요하다. 하루 종일 소비할 에너지를 아침에 만들어내는 것이 중요하다. 에너지란, 힘이고, 힘은 곧 느낌이고 감정이고, 생각이고, 의지이다. 이런 에너지를 만들지 않고 시작하는 학생들은 아침시간에 늘 무기력하고 우울한 모습으로 앉아 있다.

단 10분, 20분만이라도 아침에 에너지를 충전할 수 있다면 결과는 달라질 수 있다. 아침에 공부를 하고 싶은 마음, 열심히 해야겠다는 의지와 기분을 만들 수만 있다면, 단언컨대 미래가 바뀔 것이다.

특별한 절차는 없다. 그저 자기만의 의식을 만들면 된다. 기분 좋아지는 그 무엇인가를 하면 된다. 뭘 하든 상관없다. 중요한 것은 기분이다. 오늘은 공부가 더 잘될 것이라고 믿는다면 분명 어제보다 더 특별하고 좋은 날이 될 것이다.

저는 아침에 일어나면 거의 매일 습관적으로 15분 정도 고마움을 떠올리며 느껴봅니다. 그 15분 동안 발생한 활력 호르몬이 몸 안에 10시간에서 12시간 정도 머뭅니다. 그러면 그 활력 호르몬이 낮 시간 내내 영향을 미칠 수 있습니다. 그리고 저녁 때 다시 한 번 15분 정도 고마움을 느끼면서 소모된 충전된 에너지를 충전합니다. 결과적으로 활력 호르몬이 24시간 몸 속에 지속될 수 있습니다. 그러면 깨어있는 동안 활동을 잘할 수 있을 뿐만 아니라 잠도 편하게 잘 수 있습니다. 편안한 마음으로 하루를 보내고 잠을 잘 자면 값비싼 크림을 바르지 않아도 피부가 좋아집니다.

《나와 우리 아이를 살리는 최복 탄력성》 중에서, 최성애

공부 잘하는 친구는
지각을 하지 않는다
자존감을 갉아 먹는 사소한 행동들

그냥 어쩌다 미래를 만나서는 안 되고, 자신의 미래를 스스로 창출해야 한다.
—로저 스미스

공잘친 중에는 등교시간에 지각을 자주하는 학생이 없다. 여기서 말하는 지각이란, 한두 번 실수로 늦는 지각이 아니라 습관적인 지각을 말한다. 습관적으로 지각을 하는 학생이 공부를 잘하는 경우를 본 적이 없다.

기본적인 생활습관이 갖춰져 있지 못하면서 공부를 잘하기란 어렵다. 최소 고등학교 생활 3년을 끌고 나갈 수 있는 정신력과 자기관리 능력이 뒷받침되어야 하기 때문이다. 자기관리, 멘탈관리가 안되면서 공부를 잘하는 경우는 거의 없다. 잠시 성적이 잘 나오는 시기가 있기도 하겠지만 그런 학생이 마지막까지 좋은 결과를 얻기는 어렵다.

습관적으로 지각을 한다는 것은 단순히 늦잠을 자고 아침등교를 힘들어 하는 것으로 생각할 문제는 아니다. 사실 지각을 하게 되면 교칙에 의해서 벌점을 받든, 반성문을 쓰든, 어쨌든 실수에 대한 책임을 지게 된다. 문제는 지속적으로 이런 상황에 스스로를 노출되면 부정적 자아상을 만들어 갈 수 있다는 것이 진짜 문제이다.

사람은 누구나 실수를 하고 잘못을 하게 마련이다. 그 실수나 잘못에 대해 책임을 지는 방법을 학교생활을 통해 배우게 된다. 잘못된 행동에 대해 반성하고 이를 바로잡기 위한 노력과 책임지는 자세를 배우는 것은 의미 있지만, 이것이 지속되면 타인이 바라보는 내 모습, 내가 바라보는 내 모습이 점점 부정적으로 형성되어 간다.

반복적으로 지각을 하게 되면, 스스로가 '나는 의지가 좀 약한 편이지. 나는 아침에 절대 일찍 못 일어나는 사람이야. 내가 책임감이 좀 부족한 것은 사실이야. 실천력도 좀 없긴 하지. 나는 원래 이렇게 남들보다 좀 게으른 사람인가 봐' 하는 생각을 가지게 된다. 이것은 매우 중요한 문제다.

선생님께 야단맞고 싶어 하는 학생은 아무도 없을 것이다. 그럼에도 그러한 잔소리와 꾸짖음에 익숙해진 학생들은 많다. 지적을 받고 야단을 맞는 상황을 무심하게 생각하는 것이다. 타인으로부터 오는 비난과 비판에 무덤덤해진다는 것은 자존감과도 연결된다. 자존감이 낮은 학생은 타인의 비난에 크게 상처도 받지만, 한편으로는 익숙함을 느끼기도 한다. '나는 늘 이렇게 야단맞는 한심한 학생일 뿐이고, 내가 하는 일은 늘 이렇게 실수투성이고 엉망이지'라는 생각이 무의식중에 형성되는 것이다.

공잘친들은 이런 자기부정성에 빠지지 않기 위해 스스로의 생활을 세심하게 관리한다. 사소한 일로 인해 타인에게 부정적인 피드백을 받도록 놔두지 않는다. 조금만 주의를 기울이면 일어나지 않을 일을 무심함을 핑계로 그냥 내버려두지 않는다. 즉, 사소한 실수로 아침부터 기분을 망치는 일은, 주의 깊게 피한다는 것이다.

공잘친들이 지각을 하지 않는 이유, 또는 교칙을 잘 지키는 모범적인 학생인 이유가 단순히 그들이 '착한' 학생들이기 때문일까? 정해진 규율에 순응하는 수동적인 성향을 가지고 있어서 그럴까? 원래부터 부모님과 선생님 말씀을 잘 듣는 모범생이라서 그런걸까? 공잘친은 오히려 비판적이고 주체적인 사고를 할 수 있는 학생들이다. 그들은 현실적이다. 만약 바꿀 수 없다고 판단되는 현실은 빠르게 수용하는 것이 그들의 특징이다. 또한 그들은 규율에 무모하게 저항하거나 불필요하게 비난을 받을 일을 하지 않는다. 불필요한 일에 에너지를 쓰고 싶어 하지 않는다. 작은 실수가 불러올 손해가 크다는 것을 안다. 지각이라는 실수가 바로 그렇다는 것을 공잘친은 잘 알고 있는 것이다.

스스로를 존중하는 마음을 가진 사람은 스스로를 낮출 수밖에 없는 실수를 허용하지 않는다. 사소한 실수로 가장 소중하게 여겨야 할 자신의 자존감에 상처 내는 일은 없어야 한다. 실수는 사소하지만 그것으로 인한 타인의 비난과 자책이 쌓이면 결코 사소하지 않은 상처가 된다. 자신을 아끼고 지켜줄 수 있는 사람은 자신밖에 없다.

성적이 UP 되면
외모도 UP 된다

공부는 멘탈관리이자, 자기관리

외모도 실력이라는 소리가 왜 나오는 줄 알아?
그건 노력하면 바꿀 수가 있거든.

—드라마 〈드림하이〉 대사中

"당신이 문을 열고 들어서는 순간 일은 벌어진다. 그 3초간, 사람들은 당신을 판단해버린다. 당신을 그저 힐끔 바라 볼 뿐이지만 그들은 당신의 옷차림과 헤어스타일을 평가한다. 당신의 몸가짐을 보고, 당신의 차림새나 액세서리에 대해 판단한다. 또 당신이 들어서자마자 만난 사람에게 인사하는 모습을 본다. 그 짧은 3초 동안 당신은 사람들에게 이미 지울 수 없는 인상을 남긴다. 어떤 사람들은 그런 당신의 모습을 보고 호기심을 느끼며 당신에 대해 더 많이 알고 싶다고 생각하지만, 또 다른 어떤 사람들은 당신을 무시하기로 한다." 《첫인상 3초 혁명》 중에서, 카밀 래빙턴·스테파니 로시, 박강순 옮김

이 글은 첫인상과 외모가 실제로 현실에서 어떻게 영향을 미치는

지를 설명해 주는 부분이다. 우리 사회가 학력 못지않은 외모지상주의가 만연한 사회라고 하는 데에 많은 사람들이 동의할 것이다. 그 사람에 대해 보다 깊이 알기 전에는 보여지는 외적인 부분이 그 사람에 대한 유일한 정보이기 때문이다. 어쩔 수 없이 외모로 그 사람에 대한 추측이 이루어진다.

이와 같은 상황이 교실에서는 예외라고 할 수 있을까? 교실에 들어서자마자 학생들은 선생님을 바라본다. 선생님도 학생들을 바라본다. 학생들이 교사를 바라보는 것은 학습을 위해서 필요한 행위이지만, 그 과정에서 교사의 옷, 액세서리, 헤어스타일, 화장까지도 하나의 총체적인 이미지로 받아들이게 된다.

요즘 학생들은 직설적으로 교사가 입은 옷에 대한 청하지도 않은 (?) 조언을 해주기도 한다. 이런 스타일을 좋고, 저런 스타일은 안 되고, 심지어는 퍼스널 컬러(개인에게 가장 잘 어울리는 컬러)에 대해서도 조언해 준다. 이런 이야기를 해 준다는 것이 개인적인 교감을 나누는 하나의 방식이기도 하고, 또 교사를 친근하게 느낀다는 것이기도 하기에 긍정적으로 수용할 필요가 있다고 생각한다. 예쁘고 잘생긴 스타 인터넷 강사들을 보면 알 수 있듯이 그것을 전달하는 사람의 이미지가 밝고 긍정적이라면 학습에 보다 효율성이 생긴다. 교사도 역시 보여지는 이미지에 신경을 많이 써야 한다고 생각한다.

학교 수업은 상호 얼굴을 마주보고 소통하는 쌍방향 의사소통이라는 점에서, 학생들만 교사의 용모를 평가하는 것이 아니라 교사 역시 평가자의 입장에서 학생들을 주의 깊게 보게 된다. 담임 교사의 입장에서는 더더욱 학급의 학생들의 용모를 주의 깊게 관찰할 수밖에 없다. 학생들 중에 폭행이나 부상, 병색을 띠는 학생이 있는지, 최근의 표정이나 외모의 변화, 용의 복장의 단정함 등을 눈여겨 보게 된다. 학생이 말하지 않더라도 다친 부위가 어디인지, 어떤 형태로 부상을 입었는지를 주의 깊게 살펴보면 학교 폭력이나 가정폭력 등의 징후를 알 수 있다.

최근 표정이 아주 밝아졌다던지 혹은 아주 어두워졌다던지 하는 경우도 급격한 심리 변화가 읽어나고 있다는 징표이기에 개인 상담이 필요하기도 한다. 헤어스타일의 변화 또는 자기 외모에 대한 관심 증가도 중요한 심리 변화의 징후로 보고 있다. 학생이 교사의 용모를 통해 성격을 유추하기도 하고 심리 변화를 유추하듯이 교사 역시 학생의 외적인 변화를 통해 학생의 상태를 진단하게 된다. 차이점이 있다면 교사는 학생의 외적 이미지가 좋고 나쁨에 주목하는 것이 아닌 그 변화를 주의 깊게 본다. 그리고 이를 통해 문제 상황을 진단하는 데 활용한다.

필자가 본 공잘친들 중에서 기본적인 위생관리가 안 되는 학생은 거의 없었다. 기본적인 자기관리에 소홀한 공잘친은 아무도 없다는 뜻이다. 청소년이라면 당연히 외적으로도 기본적인 자기관리를 할 수 있는 나이다. 아침에 일어나서 욕실에서 해야 할 일이 무엇인지는 안다. 그럼에도 개인 위생이나, 옷차림과 같은 기본적인 자기관리들이 제대로 이뤄지고 있지 않은 학생들도 많다.

"외모는 자존감이다"라는 말이 있다. 자신을 소중하게 생각하는 마음, 자신을 사랑하는 법을 모른다면 공부 역시 잘할 수 없다. 자신을 단정하게 가꾸지 않는다고 해서 그것을 꼭 자존감과 연결 지을 필요가 있냐고 할 수 있다. 단순한 게으름이라고 할 수도 있겠지만 게으름은 가볍게 넘길 수 있는 특성이 아니다. 그런 사소하고 기본적인 자기관리에서조차 부족한 의지를 가지고 있다면 중요한 일에서 더 큰 의지를 기대하기란 쉽지 않다.

교사 입장에서는 기본적인 위생관리가 안되는 학생들은 심지어 어딘가 문제를 안고 있다고 판단하기까지 한다. (특히 초등학교의 수준에서는 더욱 그러하다.) 이런 학생들의 경우 표면적으로 학교 생활을 잘하고 있다 하더라도 내적으로는 문제를 겪고 있을 가능성이 높다.

타인의 눈이 비친 자신의 모습에 대해 지나치게 무관심한 것은 타인과의 관계의 중요성을 낮게 본다는 의미일 수도 있다. 이런 경우의 학생들은 보통 무기력하고 우울한 정서를 보이는 경우가 많다. 자신을 단정히 하는 일들은 자신을 소중히 여기는 마음을 가졌다면 누구나 해야 하는 일상적인 일이다. 사소하지만 이러한 일들은 자신을 사랑하는 중요한 절차이자 방식이다.

오해하지 말기 바란다. 흔히 예뻐지고 잘생겨 보이도록 외모에 신경을 쓰라는 말이 아니다. 자신을 사랑하고, 자신의 삶을 사랑한다면 학교라는 작은 사회에서 기본적으로 갖추어야 할 자기관리를 소홀히 할 리가 없다.

  성적은 자기관리이자 멘탈관리의 최종 결과다. 자기관리의 기본
은 내적으로 가치 있는 덕목을 기르고 의지를 다지는 것뿐만 아니라
외적으로 자신을 관리하는 것도 포함된다. 자신을 정말로 사랑하는
사람은 겉으로도 그것이 드러난다. 남들에게 잘 보이기 위해서가 아
니다. 스스로를 위해서이다. 공부가 하기 싫다면 하지 않아도 좋지
만, 자신을 정성스럽게 돌보는 것을 싫어해서는 안 된다. 자신을 사
랑하는 방법을 하나씩 실천해 간다면 반드시 성적 또한 오를 것이다.

미루는 이유, 게으른 이유?
의지가 강해서 그래
'게으른 성격'이란 없다

게으름에 대한 보복은 두 가지가 있다. 하나는 자신의 실패요,
하나는 네가 하지 않은 일을 한 옆 사람의 성공이다.
—르나르

우리가 어떤 일을 미루는 이유는 다양하다. 하루에도 몇 번씩 사소한 일들을 뒤로 미룬다. 중요한 일은 또 그 중요성 때문에 신중하게 해야 한다는 핑계로 미루기도 한다. 또 그냥 '하기 싫다'는 간결하고 솔직한 이유를 대기도 한다. 물론 많은 일을 동시에 할 수는 없다. 일의 순서나 중요도에 따라 미뤄지기도 하고 포기하기도 한다.

그러나 반드시 해야 하는 중요한 일을 미루고 있다면 한 번쯤 그런 자신의 태도에 대해 생각해 볼 필요가 있다. 중요한 일을 미루는 것이 타당성을 가지기 위해서는 지금 현재 그 일을 할 수 없는 확실한 이유가 존재할 때이다.

그러나 그 '확실한 이유' 또한 사실 상대적이다. 우리 스스로 쉽게 그럴싸한 핑곗거리들을 만들어 내기도 한다. 그리고 핑곗거리들의 중요성을 스스로 과장하기도 한다.

'매일 수학 문제 10개를 풀기로 계획을 세웠지만, 이상하게 오늘은 아침부터 머리가 아프네. 친구와 다퉈서 기분도 별로 좋지 않고, 지금은 배고프기까지 하니까, 일단 맛있는 것부터 먹고 조금 쉬다가 힘을 내서 시작해야지……'

'숙제를 안 하겠다는 것이 아니야. 난 분명히 할 거야. 그런데 오늘은 좀 아닌 것 같아. 어제 잠을 못자서 머리가 몽롱해. 이런 상태로는 무리지. 오늘은 일단 쉬고 내일하자……'

이런 식으로 우리는 할 일을 미룬다. 그렇게 미룬 일은 결국 시간 부족으로 대부분 미완성 또는 중도 포기, 실패로 끝날 가능성이 크다.

어떤 일을 미루고 있다는 것은 그 일을 하고 싶지 않다는 강력한 의지가 드러난 것이다. 정말로 하고 싶은 일인데 자꾸 미루고 있는 경우는 없다. 오늘 해야 할 일을 내일로 미룸으로써 우리는 불편한 감정으로부터, 성가신 결정들로부터, 육체적, 심리적 스트레스로부터 짧은 해방감을 느끼게 된다. 그러나 생각해 보면 해야할 일을 미룬다는 것은 일종의 회피이자 부정이다.

어떤 일을 미루고 있다는 것은 자신과의 약속을 저버리는 일이다. 자신과 한 약속은 타인에게 공개되지 않는다. 우리는 타인과의 약속에는 의무감을 느끼면서도 정작 자신과의 약속에서는 이런저런 핑계를 대며 종종 무책임한 태도를 보인다. 해야 할 일을 미루고 도망치면 과연 안정, 행복, 여유가 찾아오는 것일까? 겉으로는 그렇게 보일지 모르지만, 그 속에는 불안과 두려움이 들어 있다. 해야 할 일을 하지 않은 채로 맞이하는 즐거움은 과연 진정한 기쁨을 가져다 줄 수 있을까?

이것은 단순히 불안과 두려움을 불러일으키는 데서 끝나지 않는다. 그 속에는 스스로에 대한 실망감, 패배감이 숨겨져 있다. 문제는 이러한 미루는 습관이 반복되면, 조금씩 자기 확신을 갉아 먹게 된다는 데 있다. 즉, '나조차 나를 믿을 수 없는 상태', '나 자신과의 약속을 잘 지키지 못하는 나'가 되는 것이다. 나와의 약속을 중요시 여기는 마음은 내가 나를 어떻게 생각하느냐와도 연결된다. 자신을 소중히 여기지 않는데, 자신과 한 약속을 소중히 생각할 리가 없다.

심지어 이런 것을 하나의 개성이나 성격적 특성으로 규정하며 자신을 합리화한다. 자신을 규정지어 놓으면 어떤 일이 정해진 방식대로 행해져야 하는 이유를 정당화하는 데 편리하다. '나는 항상 그래왔다'는 것이 곧 '자기 원칙'이므로 계속되어야 한다는 식이다. 그리고 '나는 앞으로도 언제까지나 그렇게 하겠다'라는 무언의 메시지가 들어 있다. 항상 해 오던 방식에 의존하면서 행여 다른 방식으로 행동해야 하는 위험한 생각을 즐길 필요가 없다.

성적이 좋지 못한 학생들의 경우 학습 계획을 잘 세우지 못해서가 아니라 실천이 따라주지 못해서인 경우가 많다. 계속해서 실천을 미루게 되면 이는 결국 자기 효능감을 낮추는 결과로 이어진다. 실패가 누적되면 자신에 대한 신뢰가 낮아지게 된다.

'나는 늘 이렇게 실천력이 부족한 사람이었지. 늘 하기 싫은 일을 나는 잘 미루는 사람이야.'

'내가 그렇지, 뭐. 난 항상 미리 하지 못하고 미루곤 하니까. 이게 내 성격인 걸 어쩌겠어. 난 원래 의지가 좀 약해. 어쩔 수 없지.'

스스로가 벌써 자신을 이렇게 바라본다면 시험과 같이 타인과 경쟁이 요구되는 상황에서는 질 것이 뻔하다. 또한 자신부터 이렇게 바라보는데 다른 사람이 자신을 어떻게 바라볼지는 말하지 않아도 알 것이다.

게으름은 개성이 아니다. 게으름을 마치 자신만의 독특한 성격적 특성처럼 이야기한다. 마치 고칠 수 없는 독특한 개성인 것 마냥 타인에게까지 이러한 자신의 특성을 이해해 주기를 요구하기도 한다. 게으르다는 핑계 속에서 누리고, 성취할 수 있는 많은 것을 포기하고 '이대로가 좋다'라고 말하는 사람들이 있다. 노력한다면 가질 수 있는 것들을, 게으름 때문에 자기 스스로를 합리화 하면시 가지고 싶지 않다고 변명하는 것이다. 이런 사람들의 특징은 불평과 불만이 많고 삶을 쫓기듯 살아간다. 주체적으로 살아간다기보다 무엇인가에 떠밀려 허둥지둥하며 살아간다.

앞서 말했듯이 우리는 해야 할 일을 미룸으로써 여유와 안정감이 생기는 것이 아니라 오히려 불안감과 긴장감을 가지게 된다. 우리는 가끔 자신의 감정의 불편함을 예민하게 자각하지 못하거나, 또 그 불편한 마음의 원인을 잘 모른다. 불편한 생각들 자체를 회피하려는 성향도 보인다. 불편한 생각들에 직면을 피하는 것도 일종의 게으름이다.

미루는 습관은 단지 학습에만 한정되는 것이 아니다. 더 큰 문제는 자신의 미래나 진로에 대한 결정과 생각을 미룬다는 것에 있다. 자신의 진로 목표는 지금 열심히 공부하는 이유이자 학교생활의 목적이다. 그런데 이러한 생각과 고민을 외면한 채 열심히 공부한다는 것은 방향을 잃은 채 달려가는 것이나 다름없다. 학생 상담을 해 보면 많은 학생들이 자신의 미래에 대한 구체적인 생각을 깊이 있게 해 본적이 없었다. 하루하루를 비슷하게 생활하며 쫓기듯 살다 보니, 굳이 자신을 미래를 생각해 볼 '특별한 오늘'을 만들며 살지 못하고 있는 것이다.

자신이 원하는 목표지점은 높은데 자신의 현재 위치는 아래에 있다. 생각하면 괴롭다. 그래서 일단 생각을 피한다. 그리고는 더 이상 물러날 수 없는 시간까지 몰리고 나서야 드디어 묵은 고민거리를 꺼내서 생각해 본다. 이런 학생들은 전공학과를 선택하는 문제에 있어서도 진지한 고민을 계속 피하다가 심지어 즉흥적으로 학과를 선택해 버리기도 한다.

금기어라는 것이 있다. 예를 들면 '변소'와 같은 단어처럼 들으면 불쾌함이 연상되어 언급하는 것을 꺼리는 단어를 말한다. '미래'가 일종의 금기어처럼 되어버린 학생들이 많다. 언급 자체를 피하고 싶고 생각에서 도망치고 싶어 한다.

이러한 사고방식은 습관이 되고 만다. 고등학교 생활과 입시에만 영향을 미치는 것으로 끝나지 않는다. 앞으로 살아가는 삶 속에서 중요한 결정과 선택, 고민으로부터 도망치는 삶을 살아갈 가능성이 높아진다. 이는 불편한 생각에 직면할 수 있는 용기의 부족일 수도 있고, 막연한 긍정성 때문일 수도 있다. 두 가지 모두 자신에 대한 이해의 부족에서 출발한다.

'뭐, 어떻게 잘 되겠지'라는 생각은 오늘을 치열하게 산 사람만이 할 수 있다. 아무런 노력은 하지 않은 채 막연히 '나는 잘 될거야'라는 생각만큼 위험한 것은 없다. 원인은 정확히 결과로 이어진다. 지금 현실 속에서 치열한 원인을 만들지 못하면 만족할 만한 결과는 오지 않는다. 아무것도 하지 않은 채 잘될 수는 없다. 아무것도 하지 않고 아무 생각도 하지 않으려는 게으름 속에서 이룰 수 있는 것은 아무것도 없다.

학업 성적이 낮아도 현명한 학생들은 이러한 고민으로부터 도망치지 않는다. 자신의 위치와 자신의 삶을 신시하게 고민하고 재빨리 나른 길을 선택하기도 한다. 실천을 미루고 고민과 생각만 거듭하는 것 또한 일종의 게으름이다. 노력이나 실천 없이 '나는 어느 대학에 갈 수 있을까?', '내가 가고자 하는 학과는 전망이 있을까?', '오늘 공부한 이 부분은 시험에 나올까?'이와 같은 결론 없는 생각만 꼬리에 꼬리를 물고 반복한다면이 또한 미루기라고 볼 수 있다.

공잘친은 효율성을 중시한다. 득이 되지 않는 생각으로 실천할 시간을 갉아먹는 것은 의미없다는 것을 안다. 자신을 사랑하기 때문에 자신과의 약속을 지키기 위해 노력한다. 또 미루고자 할 때 미루게 된 원인이 자신이 만든 핑곗거리인지, 불가피한 원인인지 냉정하게 구분한다. 지금 할 일을 내일로 미루는 순간 불안이 함께할 것을 안다. 오늘이 내일로 미뤄진다면 원하는 내일은 결코 오지 않을 것이다.

나는 얼마나 낙관적인 사람일까
비관성, 낙관성 테스트

마틴 셀리그만은 긍정 심리학의 창시자로서, 프로이드 이후 가장 주목받는 심리학자이다. 그의 저서 《낙관성 학습》에서는 '학습된 무기력'과 '설명 양식'에 대해 이렇게 서술하고 있다.

학습된 무기력은 자신은 아무것도 변화시킬 수 없다고 여기고 스스로 포기하는 것이다. 마틴 셀리그만은 동물들이 자신이 할 수 있는 게 없다는 충격적인 사건을 처음 경험하게 되면 점차 수동적으로 변하여 역경에 맞서는 것을 포기한다는 사실을 발견했다. 처음으로 무기력해지는 상황을 겪고 나면, 동물들은 그 후부터 가벼운 전기 충격에도 그저 가만히 앉아있다. 그 고통을 고스란히 받으며 도망치려는 시도도 하지 않고 충격이 사라지기만을 기다렸다. 첫 번째 경험에서 똑같은 강도의 전기 충격을 받았지만 도망칠 수 있었던 30%의 동물들은 그 후에 무기력해지지 않았다. 그들은 학습된 무기력에 면역이 생긴 것이다. 그것은 곧 '낙관성 학습'으로 발전되었다.

설명 양식은 사건이 일어난 이유를 스스로에게 습관적으로 설명하는 방식이다. 이것은 학습된 무기력을 크게 좌우하는 역할을 한다. 낙관적인 설명 양식은 무기력을 없애고 비관적인 설명 양식은 무기력을 퍼뜨린다. 일상 속에서 실패나 중대한 패배에 직면할 때, 과연 얼마나 무기력에 빠져들지 또는 다시 기운을 차릴지는 스스로에게 사건을 설명하는 방식에 달려있다. 설명 양식이란 '마음 속 세상'을 비추는 거울과도 같다. 사람들은 저마다 가슴 속에 "아니야" 또는 "그래"라는 말을 품고 산다. 둘 가운데 어떤 말이 자기 마음속에 있는지 검사를 통해서 자신의 낙관성 또는 비관성 수준을 정확하게 알 수 있다.

비관성이 높은 학생은 낙관성이 높은 학생보다 성적이 낮다. 또한 쉽게 포기하고 우울해지는 경향을 보인다. 반면 낙관적인 쪽으로 점수가 높게 나오는 사람들은 끈기 있는 성향을 보인다. 이런 사람들은 무기력에 대하여 가장 큰 저항력을 보인다. 아무리 많은 거절과 실패를 경험하더라도 결코 포기하지 않을 것이다.

마틴 셀리그만은 아동의 귀인 유형 설문지(Children's Attribution Style Questionnaire, CASQ)를 통해 이러한 비관성과 낙관성을 측정하고 있다. 일곱 살이 넘으면 아이는 자신만의 설명 양식이 발달되어 확고해진다. 사실 이 테스트는 8세부터 13세 사이의 아동에게 적합하며 약 20분 정도 소요된다. 이 글을 읽는 독자들은 그보다 나이가 많을 것으로 예상되지만 이보다 더 높은 연령을 위한 설문지에는 청소년들이 응답하기 어려운 상황이 다수 실려 있으므로 본 설문지를 싣고자 한다.

한번 지금부터 체크해 보자.

귀인 유형 설문지 CASQ

번호	항목	점수
1	시험에서 A를 받았다.	PvG
	A. 난 정말 똑똑하다.	1
	B. 난 이 과목은 잘한다.	0
2	친구들과 게임을 했는데 내가 이겼다.	PsG
	A. 내가 같이 논 아이들이 게임을 잘 못해서 그렇다.	0
	B. 난 그 게임을 잘한다.	1
3	친구 집에서 자면서 즐거운 시간을 보냈다.	PvG
	A. 그날 내 친구가 무척 친절히 대해 주었다.	0
	B. 친구 가족 모두가 나에게 무척 친절히 대해 주었다.	1
4	단체로 여행을 가서 재미있게 놀았다.	PsG
	A. 난 정말 즐거웠다.	1
	B. 나랑 같이 간 사람들이 즐거워했다.	0
5	나만 빼고 친구들 모두가 감기에 걸렸다.	PmG
	A. 난 요즘 건강한 편이다.	0
	B. 난 원래 건강하다.	1
6	집에서 키우는 강아지가 자동차에 치였다.	PsB
	A. 내가 강아지를 잘 돌보지 못했다.	1
	B. 운전자들이 충분히 주의하지 않았다.	0
7	아는 아이들 몇 명이 나를 싫어한다고 했다.	PsB
	A. 사람들은 가끔 니에게 못되게 군다.	U
	B. 나는 가끔 사람들에게 못되게 군다.	1
8	학교 성적이 매우 좋게 나왔다.	PsG
	A. 공부는 별거 아니다.	0
	B. 난 열심히 공부하는 학생이다.	1
9	친구를 만났는데 그 친구가 나에게 멋져 보인다고 했다.	PmG
	A. 그날 내 친구는 사람들의 차림을 보고 칭찬해 주고 싶었나 보다.	0
	B. 내 친구는 원래 사람들의 차림을 보고 칭찬을 잘 한다.	1
10	친한 친구가 나에게 싫다고 말했다.	PsB
	A. 내 친구는 그날 기분이 좋지 않았다.	0

	B. 나는 그 날 내 친구에게 잘 해주지 못했다.	1
	농담을 했는데 아무도 웃지 않았다.	PsB
11	A. 난 농담을 잘 못한다.	1
	B. 많이 알려진 농담이라 이제 재미가 없다.	0
	수업 내용을 잘 이해하지 못했다.	PvB
12	A. 그날은 어떤 것에도 집중하지 못했다.	1
	B. 선생님께서 말씀하실 때 집중하지 않았다.	0
	시험을 망쳤다.	PmB
13	A. 선생님은 늘 시험 문제를 어렵게 내신다.	1
	B. 지난 몇 주 동안 선생님이 시험 문제를 어렵게 내셨다.	0
	몸무게가 많이 늘어서 뚱뚱해 보이기 시작했다.	PsB
14	A. 내가 먹어야 할 음식이 다 살찌는 것들이다.	0
	B. 나는 살찌는 음식들을 좋아한다.	1
	어떤 사람이 당신 돈을 훔쳐갔다.	PvB
15	A. 그 사람은 정직하지 못하다.	1
	B. 사람들은 정직하지 못하다.	0
	부모님이 내가 만든 것을 보고 칭찬해 주셨다.	PsG
16	A. 난 만들기를 잘 한다.	1
	B. 부모님은 내가 만든 것을 좋아하신다.	0
	게임을 해서 돈을 땄다.	PvG
17	A. 나는 운이 좋은 사람이다.	1
	B. 게임을 할 때 나는 운이 좋다.	0
	강에서 수영을 하다가 물에 빠져 죽을 뻔했다.	PmB
18	A. 나는 조심성이 너무 없다.	1
	B. 가끔 나는 조심성이 없을 때가 있다.	0
	많은 모임에 초대 받았다.	PsG
19	A. 요즘 많은 사람들이 나에게 친절하게 대한다.	0
	B. 요즘 나는 많은 사람들에게 친절하게 대한다.	1
	어떤 어른이 나에게 고함을 질렀다.	PvB
20	A. 그 사람은 그날 자기가 처음 본 사람에게 고함을 질렀다.	0
	B. 그 사람은 그날 자기가 본 많은 사람들에게 고함을 질렀다.	1

	아이들과 같이 그룹 과제를 했는데 결과가 나빴다.	PvB
21	A. 나는 그룹의 다른 아이들과 과제를 잘하지 못했다.	0
	B. 나는 그룹 과제를 한 번도 잘해 본 적이 없다.	1
	새 친구를 사귀었다.	PsG
22	A. 나는 좋은 사람이다.	1
	B. 내가 만난 사람은 좋은 사람이다.	0
	가족들과 잘 지내고 있다.	PmG
23	A. 나는 집에서 가족들과 잘 지내는 것이 쉽다.	1
	B. 가끔 나는 집에서 가족들과 잘 지내는 것이 쉽다.	0
	사탕을 파는 데 아무도 사주지 않는다.	PmB
24	A. 요즘 물건을 파는 아이들이 많아서 사람들이 아이한테 뭔가를 사고 싶어 하지 않는다.	0
	B. 사람들은 아이들에게 물건 사는 것을 좋아하지 않는다.	1
	게임을 해서 이겼다.	PvG
25	A. 가끔 나는 최선을 다해 게임을 한다.	0
	B. 가끔 나는 최선을 다한다.	1
	학교에서 나쁜 점수를 받았다.	PsB
26	A. 나는 멍청하다.	1
	B. 선생님들은 점수를 불공평하게 주신다.	0
	문으로 걸어가다가 부딪쳐서 코피가 났다.	PvB
27	A. 앞을 제대로 보지 않았다.	0
	B. 요즘 나는 부주의할 때가 많다.	1
	내가 공을 놓치는 바람에 팀이 경기에서 졌다.	PmB
28	A. 그 날 경기를 할 때 열심히 노력하지 않았다.	0
	B. 나는 경기를 할 때마다 열심히 하지 않는 편이다.	1
	체육 시간에 손목을 삐었다.	PsB
29	A. 지난 몇 주 동안 우리가 체육 시간에 한 운동들은 모두 위험했다.	0
	B. 지난 몇 주 동안 나는 체육시간마다 둔하게 굴었다.	1
	부모님을 따라 해변에 가서 즐거운 시간을 보냈다.	PvG
30	A. 그 날 해변에서는 모든 것이 좋았다.	1
	B. 그 날 해변의 날씨가 좋았다.	0

	기차를 탔는데 늦게 도착해서 영화를 보지 못했다.	PmB
31	A. 지난 며칠 동안 열차의 정시 운행에 문제가 있었다.	0
	B. 기차는 원래 시간을 지키는 법이 없다.	1
	저녁 때 엄마가 내가 제일 좋아하는 음식을 만들어주셨다.	PvG
32	A. 우리 엄마는 날 기쁘게 해주기 위해 몇가지 하는 일이 있다.	0
	B. 엄마는 날 기브게 하는 것을 좋아하신다.	1
	내가 속한 팀이 경기에서 졌다.	PmB
33	A. 팀 동료들은 평소 서로 협력해서 경기를 하지 않는다.	1
	B. 그 날 팀 동료들이 제대로 협력하지 못했다.	0
	숙제를 일찍 마쳤다.	PvG
34	A. 요즘 나는 뭐든 일찍 끝낸다.	1
	B. 요즘 나는 학교 공부를 일찍 끝낸다.	0
	선생님께서 질문을 하셨는데 틀린 답을 말했다.	PmB
35	A. 질문을 답을 할 때는 늘 신경이 곤두선다.	1
	B. 그날 질문에 대답할 때 신경이 예민해져 있는 상태였다.	0
	버스를 잘못 타서 길을 잃었다.	PmB
36	A. 그날 나는 주변이 어떻게 돌아가는지 신경을 쓰지 않았다.	0
	B. 나는 늘 뭐가 어떻게 돌아가는지 별로 신경을 쓰지 않는다.	1
	놀이공원에 가서 재미있게 놀았다.	PvG
37	A. 나는 놀이 공원에 가면 늘 즐겁다.	0
	B. 나는 늘 즐겁다.	1
	나보다 나이가 많은 형이 내 뺨을 때렸다.	PsB
38	A. 내가 그 형 동생을 놀렸다.	1
	B. 그 형 동생이 내가 자기를 놀렸다고 형에게 말했다.	0
	생일 날 갖고 싶던 장난감을 모두 받았다.	PmG
39	A. 사람들은 늘 생일날 내가 갖고 싶어 하는 장난감을 잘 알아맞 힌다.	1
	B. 이번 생일날, 사람들은 내가 갖고 싶어 하던 장난감을 잘 알아맞혔다.	0
	방학 때 시골에 가서 즐겁게 지냈다.	PmG
40	A. 시골을 정말 아름다운 곳이다.	1
	B. 우리가 갔던 때가 매우 아름다웠다.	0

41	**이웃 사람이 저녁 식사에 초대를 했다.**		PmG
	A. 가끔은 사람들이 친절할 때가 있다.		0
	B. 사람들은 친절하다.		1
42	**임시 선생님이 오셨는데 그 분이 나를 좋아하신다.**		PmG
	A. 나는 그날 수업 내내 바르게 행동했다.		0
	B. 나는 수업시간에 늘 바르게 행동한다.		1
43	**내가 친구를 행복하게 해주었다.**		PmG
	A. 나는 같이 있기에 재미있는 사람이다.		1
	B. 가끔 나는 같이 있기에 재미있는 사람이다.		0
44	**공짜로 아이스크림을 먹었다.**		PsG
	A. 그 날 아이스크림 가게 아저씨에게 친절하게 행동했다.		1
	B. 그 날 아이스크림 가게 아저씨가 기분이 좋았다.		0
45	**친구의 생일파티에 갔는데 마술사가 나에게 도와 달라고 부탁했다.**		PsG
	A. 내가 뽑힌 것은 그저 운 때문이었다.		0
	B. 마술사가 하는 행동에 정말 관심이 많았다.		1
46	**친구에게 같이 영화 보러 가지고 설득하는데 친구가 가지 않으려고 한다.**		PvB
	A. 그 날 친구는 뭐든 하고 싶어 하지 않았다.		1
	B. 그 날 친구는 영화를 보러 가고 싶어 하지 않았다.		0
47	**부모님이 이혼을 했다.**		PvB
	A. 사람들은 결혼을 하면 잘 지내는 것을 어려워 한다.		1
	B. 부모님은 결혼을 하고 잘 지내는 것을 어려워 하셨다.		0
48	**동호회에 가입하려고 노력했는데 그러지 못했다.**		PvB
	A. 나는 다른 사람들과 잘 지내지 못한다.		1
	B. 나는 그 동호회 사람들과 잘 지내지 못한다.		0

이제 채점을 해 보자. 해당되는 항목의 점수를 찾아서 합산하여 기록해 보자. 일일이 찾는 과정에서 채점 과정이 다소 귀찮을 수 있지

만 자신이 낙관적인 편인지, 비관적인 편인지를 알아보는 데에는 짧은 시간이다.

채점 및 연구 결과

채점표	
PmB :	PmG :
PvB :	PvG :
HoB (PmB + PvB) :	
PsB :	PsG :
B 총점 :	G 총점 :
G-B :	

※ HoB는 무력감과 관련되어 있다. PmB + PvB를 더한 점수를 기입하면 된다.

· B 총점 = (PmB + PvB + PsB) 나쁜 일에 대한 점수를 모두 합친 것이다.

· G 총점 = (PmG + PvG + PsG) 좋은 일에 대한 점수를 모두 합친 것이다.

· G-B : G에서 B를 뺀 점수이다.

보통 G-B 의 여학생의 평균은 7.00이고 남학생의 평균은 5.00이다. 여학생은 사춘기가 될 때까지 남학생들보다 뚜렷하게 낙관적인 성향을 보인다. 여학생이 4.5 이하의 점수를 기록했다면 다소 비관적이라고 볼 수 있다. 여학생이 2.0 미만의 점수를 기록했다면 매우 비관적인 상태이며 우울증에 빠질 위험도 높다.

남학생이 2.5 미만이면 다소 비관적이라고 볼 수 있다. 남학생이 1 미만이면 매우 비관적인 상태이며 우울증에 빠질 위험도 높다. B(나쁜 일) 총점에서 여학생들의 평균 점수는 7.00이고 남학생들의 평균 점수는 8.50이다. B 총점이 평균보다 3점 이상 높으면 매우 비관적이라고 봐야 한다. G(좋은 일) 총점에서 여학생과 남학생의 평균은 13.5 이다. 이 점수보다 3점 이상 낮으면 매우 비관적이다.

《마틴 셀리그만의 낙관성 학습》 중에서, 마틴 셀그리만

마틴 셀리그만은 성적 저하의 원인이 비관성에 있다고 보았다. 자신이 할 수 있는 것이 아무것도 없다고 믿는다면 시도조차 하지 않을 것이고 따라서 성적이 떨어질 수밖에 없다고 말하고 있다. 무기력한 학생들의 경우에는 심지어 성공을 경험하고도 그 값어치를 깎아내린다고 한다. 방금 제대로 푼 것과 똑같은 종류의 문제들을 다시 받으면 얼마나 많이 풀 수 있겠느냐에 대한 질문에 비관성이 높은 학생들의 경우 절반 정도를 풀 것으로 예상을 한다. 반면에 낙관적이고 성취지향적인 집단의 아이들은 90% 정도를 풀 것으로 스스로 예상했다고 한다.

결국 좋은 성적을 얻고 싶다면, '좋은 성적을 받을 수 있다'라는 스스로에 대한 긍정성이 전제가 되어야 함을 알 수 있다. 필자가 지켜본 공잘친 중에서도 성격이 비관적이고 부정적 감정을 많이 드러내는 학생들은 시간이 흘러감에 따라 성적이 떨어지는 경향을 많이 보였다.

진실, 냉정한 평가, 현실 인식, 자기 객관화 등은 다 쓸데없다. 발전과 성장을 위해 필요한 것은 자기 확신과 믿음, 희망, 열정, 에너지, 긍정과 같은 것들이다. 무엇을 선택할지는 자유다.

제 2 장

관 계

부 모 님 ,   친 구 ,   선 생 님 과
좋 은   관 계   맺 기

부모님과 나의 인생은
세트가 아니잖아요
넘어갈 수 없는 인생의 선

자립하려는 아이가 하는 일에 참견하지 마라.
—이케다 키요히코

요즘 "가정환경이 좋은 학생이 공부를 잘한다"는 말은 새삼스러운 일도 아니다. 좋은 가정환경이란 단지 경제적으로 여유가 있다는 것만 의미하지는 않는다. 그 속에는 정서적 지원까지 포함된다. 정서적 지원은 제대로 받지 못하고 경제적 지원만 풍족하게 받으며 자란 학생 중에는 '하고 싶은 일'이 없는 학생들도 많다.

모든 것을 뒷받침해 줄 수 있는 부모를 둔 학생이 무기력한 이유는 무엇일까? 그것은 필요가 발생하기 전에 이미 그 필요를 충족시켜 주고 있기 때문이다. 애써서 가지려고 노력한 적이 없고, 애써서 노력해야 할 이유를 찾지 못했기 때문일 수도 있다.

가정환경이 경제적으로 여유로운 한 학생은 영악하게도 이런 말을 했다. "제가 이러고 있어도 나중에 부모님이 어떻게든 해 주시겠죠." 자신의 실패는 부모님의 경제적 능력으로 보상된다는 생각이다.

이런 학생들은 부모의 삶과 자신의 삶을 동일시하곤 한다. 분리 실패에서 오는 문제들이다. 부모의 경제적 성공이 자신의 성공이라 여기고, 부모의 소유를 자신의 소유로 여긴다. 부의 대물림을 당연시하며 진정 자신이 누구인지, 무엇을 원하는지, 어떻게 살고 싶은지에 대한 고민은 배제되어 있는 위험한 생각이다.

그 반대로 부모의 삶의 실패를 자신의 실패로 받아들이는 경우도 있다. 가정환경이 불우한 학생들의 경우 부모님의 불화, 경제적 위기, 삶의 불안을 그대로 자신의 삶으로 받아들인다. 부모의 가난을 자신의 삶의 결핍이나 실패로 여기는 것 또한 분리 실패이다.

부모님이 힘들어하시면 자식으로서 당연히 염려되고 걱정되겠지만 그 한계를 명확히 할 필요가 있다. 냉정하게 말하자면 부모님의 실패와 불안은 그분들의 몫이다. 그분들은 그분들의 삶을 사는 것이고, 나는 내 삶을 사는 것이다. 부모님이 힘든 삶을 사셨다고 해서 내 삶이 앞으로 그러할 것은 아니지 않은가. 부모님의 문제를 부모님이 해결하시도록 두어야 한다. 내 인생과 부모님의 인생은 세트가 아니다. 하나의 울타리 안에서 가족은 일종의 운명 공동체라고 할 수 있다. 더욱이 경제적으로 자립할 수 없고, 아직 보호자의 조력이 필요한 어린아이들의 경우, 부모의 영향력은 절대적이다. 그러나 그 시기도 전 생애를 돌아봤을 때는 일부일 뿐이다.

많은 학생들이 부모의 삶과 자신의 삶을 중첩해가며 혼란스럽고 힘든 청소년기를 보낸다. 부모의 인생 과제를 자신의 과제로 끌고 들어와 끙끙거린다. '부모님이 오늘 다투셨다. 내 생각에는 아버지께서 잘못하셨는데 왜 자신의 잘못을 인정 못 하실까? 어떻게 해야 두 분을 화해시켜드릴 수 있을까? 어떻게 해야 어머니를 위로해 드릴 수 있을까? 기분이 우울하다. 공부가 안 된다' 등의 생각을 한다.

물론 걱정이 되고 책임감을 느끼는 경우도 있다. 자식으로서 기꺼이 도와드릴 수는 있지만, 그것이 내 인생을 부정하게 하고 슬퍼하게 만든다면, 어떤 희생이나 책임도 거부할 수 있는 권리까지도 가지고 있다는 것을 깨달았으면 한다. 마찬가지로 자신의 실패나 좌절을 부모님이나 가정환경 탓으로 돌려서도 안 된다. '내가 좀 더 좋은 가정에서 태어났더라면, 공부를 더 잘했을 텐데. 이렇게 살지 않았을 텐데⋯⋯'라는 생각은 백만 번 해도 부질없는, 패자들의 지루한 레퍼토리다.

또한 자신이 공부를 잘하고자 하는 마음이 진정 내 삶의 꿈을 위해서인지, 부모님을 기쁘게 해드리기 위해서인지도 생각해 봐야 한다. 만약 성적이 떨어진 것이 나 자신은 괜찮은데, 부모님께 죄송스러운 마음이 먼저 든다거나 성적이 올랐는데 부모님이 기뻐하실 모습을 생각하니까 나도 뿌듯하다는 마음이 든다면, 아직 부모님의 인생과 나의 인생을 세트로 묶어서 생각하고 있다는 증거다. 내 삶은 내가 헤쳐나가는 것이다. 공부도 자신의 꿈을 위한 하나의 과정으로서 잘하고 싶은 것이어야만 한다. 누군가를 위해 잘해야 하는 것은 아니다.

　부모도 마찬가지다. 자녀가 0점을 받아 온다고 하더라도 이것을 두고 안타깝거나 화가 날 이유가 없다. 0점을 받은 것은 자녀다. 그 책임은 자녀 스스로가 그들의 인생에서 져야 한다. 각자의 짐은 각자가 지는 것이 룰이다. 힘들 때 가족으로서 서로 기댈 수 있겠지만 인생 전체를 책임져 줄 수는 없다.

　부모가 부자인 것과 자신이 부자인 것은 다른 문제다. 부모가 실패하고 부족한 삶을 살았다고 해서 나 역시 시작부터 부족한 삶은 아니다. 이 부분에 대한 명확한 경계를 인지한다면 진정한 자기 삶의 책임을 느낄 수 있을 것이다. 서로 건너갈 수 없는 커다란 강이 흐른다고 생각하자. 즉, 부모님의 삶과 자신의 삶을 분리해 생각할 줄 안다면 이제 진정한 어른으로 성장한 것이다.

사랑받고 있다고 느껴야
공부하고 싶어진다
우주 끝까지 나를 믿어주는 유일한 사람

온갖 실패와 불행을 겪으면서도 신뢰를 잃지 않은 낙천가는
대개 훌륭한 어머니의 품에서 자라난 사람들이다.
─모와르

3월이 되면 신학기가 시작되고 어김없이 학부모 상담이 이루어진다. 새로운 아이들을 만나는 설렘만큼이나 그 부모님들을 만나 뵙는 순간만큼은 필자도 긴장된다. 10년 넘게 담임을 하면서 필자가 만나 뵌 수많은 학부모님들 중 특별히 공부 잘하는 학생들의 부모님은 어떤 비슷한 점이 있다는 것을 발견하게 되었다.

'공잘친'들의 학부모님들은 어떤 공통점이 있을까?

성격이 활달하고 밝은 분도 계셨고, 차분하고 조용한 분도 계셨지만, 그분들의 다양한 모습 이면에는 어떤 것에도 흔들리지 않는 묵직한 중심이 있었다. 작은 일에 일희일비하지 않는, 즉 부모 스스로가 강한 멘탈을 가지고 있었다. 아이의 불안, 아이의 실패를 기꺼이 포용할 수 있는 안정감을 가졌다. 즉, 그분들의 공통적인 성향은 '정서적 안정감'이었다.

부모가 불안해하면 아이도 불안해한다. 아이가 불안해해도 부모가 일관성 있는 태도로 안정감을 보여주면 아이는 다시 일어설 힘을 얻게 된다. 자녀 교육이 어려운 이유는 다양한 사람들의 다양한 이야기 속에서 확고한 자신만의 교육 신념을 지켜나가기 어렵기 때문일 것이다. 그러나 어떤 신념으로 키우든, 부모의 가장 중요한 역할은 아이에게 정서적 안정감을 제공하는 것이다. 부모 스스로가 불안해하고, 일관성 없이 방향을 잃게 되면 아이 역시 방황할 수밖에 없다.

의대를 목표로 공부하고 있는 경수라는 학생의 어머님과 상담을 한 적이 있었다. 경수는 늘 열심히 하기도 했지만, 성적이 점진적으로 향상되면서 아주 바람직한(?) 그래프를 그리며 공부하는 학생이다. 워낙 차분하고 조용한 성격에다가 운동도 무척 좋아했기에 전혀 생각지도 못했던 사실을 어머니와 상담 도중에 알게 되었다. 중학교 때 농구를 하다가 다리 성장판을 다치는 바람에 병원에 1년 동안 입원하여 수술과 재활치료를 반복하느라 1년을 휴학하면서 학업이 많이 늦어졌다는 것이다. 잘못하면 한쪽 다리만 성장을 멈출 수도 있고, 키가 안 클 수도 있고, 학업을 따라가기 힘들 수도 있다. 수많은 좌절과 불안 속에 1년을 보냈을 것이다. 결론적으로 경수는 지금 키가 184센티가 되었고, 축구와 농구를 즐기는 공잘친이 되었다.

경수의 어머님과 대화하는 동안 그렇게 될 수밖에 없는 이유를 어럼풋이 느꼈다. 어머님의 성격은 밝고 긍정이시며 무엇보다도 '정서적 안정감'을 가진 분이셨다. 1년 동안 입원했다는 말을 듣고 안타까운 눈길을 보내자 그 어머님은 마치 '이런 것으로 좌절할 이유가 되나요? 경수를 보세요. 이렇게 훌륭하게 잘 크고 있는데요'라고 말하는 듯한 표정을 지으셨다.

때로는 네가 실패하더라도, 때로는 네가 실망시키더라도, 그렇지만 그것은 아무것도 아니라는 태도, 내가 너를 사랑하고 너는 잘될 것이 확실하기에 지금의 작은 실패와 좌절은 아무것도 아니라는 태도야말로 아이에게 힘을 줄 수 있는 부모의 역할이 아닐까 한다.

필자가 담임했던 박용진이라는 학생은 소아마비로 인해 휠체어를 타고 다녔다. 어린 시절에 겪은 장애로 다리는 전혀 움직일 수 없고 손을 쓰는 것도 불편해서 필기구를 잡고 글을 쓰는 데 많은 시간이 걸렸다. 수업 중에 필기를 절반도 따라 적지 못하고 서툰 글씨로 꾹꾹 눌러 쓰느라 책에는 글씨가 늘 땀으로 번져 있었다. 그럼에도 용진이는 늘 열심히 공부했다. 학급에서 1, 2등을 다투기도 했다. 누구보다도 자신의 미래에 대한 긍정적인 확신으로 가득 차 있는 학생이었다. 운동을 제외하고는 그 어떤 학교 활동에서도 빠지는 일 없이 적극적으로 참여했다. 아프다고 결석한 적도 없었고, 특별한 대우를 바라지도 않았다. 겨울에는 혈액순환이 잘되지 않아 온몸이 딱딱해질 정도로 마비가 오는데도 끝까지 앉아서 공부를 마치고 갔다. 그렇게 용진이는 꿈을 이뤘다. 그리고 자신이 원하는 대학, 원하는 학과에 입학하였다.

아들을 저렇게 멋지게 키우셨을 때 그 어머니는 얼마나 대단할까 하는 생각이 들었다. 용진이 뒤에는 항상 웃으시던 어머니가 계셨다. 용진이 어머니는 매일 아침 차에 용진이를 태워 학교 앞에 오셔서 휠체어를 내리시고, 다 큰 아들을 안아서 차에서 내려 휠체어에 태워 교실로 보내고, 또 학교가 마치면 데리러 오시는 일을 반복했다. 어머니는 용진이처럼 항상 활짝 웃으셨다. 한 번도 힘든 표정을 지으시는 것을 본 적이 없었다.

어쩌면 부모의 역할이라는 것은 그저 아이를 향해 활짝 저렇게 웃어주는 것이 아닐까 한다. 믿어주는 것, 변함없이 사랑하고 있다는 것을 알려주는 것이 부모가 할 수 있는 일의 전부라고 생각한다.

부모의 가장 중요한 역할이란 이런 내적 안정성을 확립해 주는 것이다. 학생 스스로 최상위 욕구를 실현시킬 수 있는 동기를 가지도록 하기 위해서는 '매슬로우의 욕구 위계 이론'에서 보다시피, 안정감을 주고 사랑받고 있다는 믿음을 먼저 심어줘야 한다.

조건 없는 사랑을 받고 있다는 생각은 성공적인 학업 성취 이전에 반드시 선행충족이 되어야 하는 욕구다. 자신에 대한 긍정적인 마음은 결국 부모에게서 받은 사랑과 신뢰가 전제될 때 형성될 수 있다. 부모의 역할은 그런 긍정성을 스스로 형성할 수 있도록 북돋워 주는 것이다.

아이들에게 수없이 자신을 사랑해라. 공부해라. 너의 꿈은 무엇

매슬로우(Maslow)의 욕구 위계이론

인지 찾아라"라고 말해도 소용없다. 기본적인 안정감과 소속감, 즉 변함없는 부모의 사랑을 바탕으로 타인과의 원만한 관계를 형성하지 못한 상태에서는 어떤 공부도 잘될 리가 없다. 하위 욕구를 충족시켜 주게 되면 자연스럽게 최상위 욕구가 발현될 것이다. 자신의 삶에서 무엇이 최상위 욕구인지, 자아실현을 위해 무엇을 하고 싶은지는 학생 스스로가 찾아야 한다. 부모는 그 답을 찾을 수 있도록 그저 뒤에서 기다려 주면 된다. 부모님이 자신을 믿어 주고 기다려 주고 있다는 것을 아이가 알 수 있으면 된다.

부모의 역할은 '어떠한 경우에도 내가 너의 뒤에 있으니, 네가 무엇을 하든, 어떤 실패를 하든 나는 너를 믿고 사랑한다. 네가 믿는 것을 나도 믿는다'는 신뢰를 주는 것이다. 그것이 아이의 마음속에 뿌리내린다면 언제고 그 나무는 크게 자랄 것이다. 설령 그것이 공부를 잘 하는 형태로 발현되지 않더라도 그 아이는 자신이 원하는 것, 자신이 행복해질 수 있는 것이 무엇인지를 알아내고, 자신의 삶을 성공으로 이끌 방법들을 스스로 찾아낼 것이다.

"아이에 대한 부정적인 말을 들을 때면 마음이 아프고 상처가 되었어요. 정말 슬펐죠. 가끔 방에 가서 울기도 했어요. 그러나 아들이 사랑받고 있고, 집이 안전한 곳이라는 것을 느끼도록 사랑을 통해 자신이 안전하다고 확신할 수 있도록 노력했어요."

"아들이 이렇게 멋진 일을 하는 건 불가능하다고 생각했습니다. 하지만 토드가 좋은 사람이 될 것이라는 건 믿었어요."

토드 로즈 부모님의 인터뷰 내용이다. 토드 로즈는 19세에 고등학교를 전 과목 성적 F로 겨우 다니다가 중퇴하였다. 그 뒤 결혼을 한 뒤 정부 보조금으로 생활하며 10개의 직업을 전전하며 생활고를 해결하기 위해 노력한다.

"아버지는 저에게 '너는 게으른 것이 아니라 도전이 필요한 것 같다'고 하셨어요. 그래서 아버지의 말을 듣고 대학에 도전하게 되었어요."

토드 로즈는 교육의 필요성을 깨닫고 당시 누구라도 들어갈 수 있는 대학에 들어가게 되고 뒤늦게 공부에 매진하게 된다. 이후 지속적인 노력으로 하버드 교육 대학원에 합격하게 되고 결국 하버드 대학의 교수가 된다.

"처음에는 너무 부끄럽고, 아이가 뭐가 문제인가 생각했습니다. 그러나 부모의 변화가 시작될 때 아이의 기적이 일어난다고 생각해요. 공부를 조금 제외해 놓고 보면 내 아이가 "엄마, 아빠"라고 부르는 소리도 매우 사랑스럽고, 어제 몰랐던 거 오늘 하나 아는 것도 예쁘잖아요. 아이의 생각까지 부모가 지배할 수 없다는 것을 일찌감치 깨달아 죽을 때까지 아이를 믿어주는 것. 믿고 또 믿고, 또 믿고 또 믿어 줘야 하는 게 부모라고 생각해요." 꼴찌에서 전교 2등으로, 명문대 4년 장학생으로 입학한 홍성호 군 어머니의 말이다.

"누군가 옆에서 대개는 정서적 지지를 해줘야 합니다. 보통은 그 대상이 부모님이나 선생님인 경우가 많죠. 괜찮아. 잘할 수 있다고 계속 희망을 가르쳐줘야 합니다. 사실 그게 어른의 진짜 본분이죠."

— 박민근 심리상담사

〈EBS 다큐멘터리, 공부 못하는 아이〉中

좋은 친구가 되려면
강한 사람이 되어야 한다
원만한 교우 관계의 비밀

> 덕(德)이 있으면 외롭지 않고 반드시 이웃이 있다.
> —공자

현 입시제도는 상대적인 서열이 중시되는 체제이다. 절대적인 기준을 통과했느냐보다 중요한 것은 내가 누구 뒤에 있고, 누구 앞에 서 있느냐는 것이다. 현 입시제도에서 평가란 항상 비교를 전제로 이뤄지는 구조이기에 또래와의 경쟁은 피할 수 없다. 점수를 어느 수준 이상 받지 못해서 속상한 것이 아니라 내가 옆자리 친구보다 점수가 낮다는 것이 속상한 이유가 되는 구조 속에 놓여진 것이다.

그곳에서 항상 1등을 하는 학생들은 으레 선망의 대상도 되겠지만, 경쟁자들의 시기와 질투도 많이 받을 것이다. 그러나 지금까지 지켜본 공잘친들은 신기하게도 그들을 시기하거나 질투하는 학생들이 적었다. 심지어 도와주고자 하는 친구들로 가득했다. 이상한 일이다.

작년에 가르쳤던 학생 중에 서울대학교에 입학한 형진이라는 학생이 있었다. 늘 수업시간에 앞자리에 앉아서 농담 한마디도 놓치지 않고 눈을 반짝거리며 열심히 수업을 듣는 학생이었다.

어느 날 자습 시간에 교실 뒤에 앉아 있는 몇 명의 학생들이 잠시 소란스럽게 이야기를 나누고 있었다. 그러자 형진이의 친한 친구인 명호가 "얘들아, 조용히 하자. 형진이 서울대 가야 하는데 방해되잖아. 시끄럽게 떠들지 마"라고 말했다. 그 순간 형진이도 웃고, 소란스럽게 떠들던 학생들도 웃고, 모두 웃었다. 어떻게 보면 기분이 나쁠 수도 있는 말인데, 모두가 농담으로 받아들이고 웃었다. 대부분의 학생들이 형진이를 좋아했기 때문에 그럴 수 있었던 것이다. 형진이가 원하는 목표를 달성하기를 진심으로 모두가 바랐기 때문에 다 같이 웃을 수 있었다. 심지어 형진이의 친구들 중에는 "그래. 나는 서울대를 못 가지만, 너라도 가라. 내가 아는 유일한 서울대 다니는 친구가 되라!"라며 농담 반 진담 반으로 형진을 응원했다. 형진이가 서울대에 합격하자 같은 반 친구들이 얼마나 함께 기뻐했는지 모른다.

형진이가 모든 과목에서 성적이 탁월했던 것은 아니었다. 다른 친구들에 비해 뒤처지는 과목도 있고 부족한 모습을 보여주는 활동도 있었다. 한 번은 수학 교과 관련 동아리를 조직하여 대회에 출전한 적이 있었다. 명호도 형진이와 같은 동아리였는데, 사실 명호는 수학에서만큼은 매우 뛰어난 실력을 가진 학생이었다. 그 동아리는 명호의 주도적인 활약으로 대회에 나가 큰 상을 받았다. 형진이가 열심히 한 것도 있겠지만, 뛰어난 실력을 가진 명호와 함께할 수 있었기에 가능한 결과이기도 했다.

형진이가 목표하는 대학에 합격한 것은 모든 면에서 뛰어나서가 아니라 도움을 주고, 도움을 받으면서 성장했기 때문이다. 이런 것을 두고 종종 '운이 좋다'라고 표현할 수도 있겠지만, 좋은 운이라는 것도 그 운을 누릴 자격이 있는 사람에게 찾아온다.

필자는 교사로 재직하면서 공잘친들이 교우 관계에 있어 어려움을 겪고 고민하는 것을 거의 본 적이 없다. 공잘친 모두가 폭넓고 원만한 교우 관계를 맺고 있다는 의미가 아니다. 성격에 따라 소수와 친밀하고 깊은 관계를 맺든, 다수와 적극적인 교류를 하든, 그것이 고민거리가 되는 경우는 거의 보지 못했다.

공부를 잘하는 학생이라 하더라도 교우 관계에 있어 문제가 생기고 있다면 결국 그 문제가 해결되기 전까지는 공부에 집중하기 어려울 것이다. 또 목표하는 대학이나 꿈에 도달하기 어려울 수도 있을 것이다. 교우 관계를 원만히 하는 것, 즉 문제가 될 만한 소지를 만들지 않고 교우 관계를 형성하는 것은 공부에 집중할 수 있는 환경을 만드는 데 있어 중요한 조건이 된다. 지금 현재 친구 문제 또는 이성 문제로 고민이 있다면 공부에 집중하지 못할 것이 분명하다.

공잘친들의 교우 관계가 원만한 이유는 무엇일까? 왜 그들에게는 적이 없는 걸까?

그 이유는 공잘친들이 가진 정서적인 안정감에 있다. 교우 관계가 원만하기 위해서는 성격이 외향적인지 내향적인지, 적극성과 소극성 등으로만 나누어 생각해서는 안 된다. 교우 관계의 핵심은 성격이 아니다. 학급에서 말 한마디를 제대로 하지 않을 정도로 과묵한 학생인데도 항상 주변에 많은 친구들에게 둘러싸여 있는 것을 보기도 한다.

교우 관계의 핵심은 타인에 대한 이해와 포용력을 얼마나 가지고 있느냐이다. 타인에 대한 이해와 포용은 쉽지 않다. 심지어 성인이 되어서도 이해하지 못하는 사람이 많다. 이해와 포용은 단순히 얼마나 '착한' 사람이냐를 의미하는 것이 아닌 내적 강건함이 전제될 때 성취될 수 있는 덕목이다.

타인의 실수나 부족함을 이해하고 감싸줄 수 있다는 것은 그런 일로 스스로 상처받거나 위축되지 않을 때에나 가능하다. 즉, 관계 속에서 받는 상처들을 의연히 넘길 수 있는 정도의 내적인 강건함을 갖추고 있을 때, (또는 무심해질 수 있는 것도 능력이다.) 타인들도 비로소 편안한 태도로 그 사람에게 다가갈 수 있기 때문이다.

'유리 멘탈'을 가진 사람에게는 다른 사람들도 조심스럽다. 약하다고 해서 얕잡아 보고 이용하려 하는 사람도 있지만, 약하기 때문에 조심스러워서 다가가고 싶어 하지 않는 사람들도 있다. 조용한 학생들의 경우 마치 약자로 비춰줘서 다른 친구들이 괴롭히지 않을까 걱정하는 학부모들도 있을 수 있는데, 소극적이라고 해서 모두 약자가 되는 것은 아니다.

그 결정적 차이는 바로 자존감의 문제이다. 학생들 간의 관계는 어느 순간 한쪽이 일방적인 강자의 모습으로 둔갑하게 되는 경우가 생긴다. 그런 관계의 불균형을 막는 내적인 힘이 바로 자존감이다. 자신을 사랑할 줄 아는 학생은 이런 경우에 있어 절대 스스로를 상처받도록 내버려두지 않는다.

공부를 잘하려면 여러 가지 요건이 충족되어야 하겠지만 그중에서도 교우 관계의 안정성은 학교생활에 있어 가장 중요한 요건이라고 할 수 있다. 관계가 흔들리면 결국 자신을 방어하고자, 그 문제에 에너지를 쏟게 되고 결국 멀리 봤을 때는 자신의 목표 달성까지 완주할 힘을 잃게 된다.

또래가 가지는 독특한 문화와 분위기는 항상 존재한다. 그것은 교사나 부모를 배제함으로써 획득될 수 있다. 청소년들에게는 더 소중하게 여겨질 수 있기에, 통제하려는 집단으로부터 분리, 구분 짓는 '어떤 독특한 것'이 형성될 수밖에 없다. 이것이 시대의 흐름을 따라 만들어 나가는 하나의 문화가 될 수도 있으니, 그런 또래 문화에 속하지 못하거나, 그런 분위기에 동조되지 못함은 하나의 낙인이 될 수 있다. 그러므로 부모나 교사의 통제 및 지도 범위는 최소한 자신이 속한 또래 문화 속에 포함될 수 있을 정도로는 허용되어야 한다.

부모의 가치나 신념만을 아이에게 강요하게 되면 정상적인 교우 관계를 맺을 수가 없다. 통제의 범위를 조절하는 것이 어려운 일이지만 항상 청소년들의 또래 문화란 기성의 문화를 거부하는 데서부터 출발하는 것이기에 보다 개방적인 태도로 이해하려는 노력이 필요하다.

즉, 아이가 뛰어놀 수 있는 울타리를 크게 만들어줘야 한다. 따라서 다시 제자리를 찾아 돌아올 수 있을 정도의 사소한 일탈이나 일시적인 방황은 모른 척을 해 줄 필요가 있다. 그래야 아이가 또래 집단 속에서 충분히 그들만의 가치를 즐기고 만들 여유가 생기는 것이다. 그 정도의 여유조차 주어지지 않는다면 원만한 교우 관계를 맺기 어렵다.

원만한 교우 관계는 학업 성적과 밀접한 관련성을 가진다. 또한 최근의 학교 교육과정에서는 주변의 친구들과 조화로운 협업을 통해 창조적인 문제해결능력을 요구하는 것들이 많아졌다. 그 과정에서 타인과 의사소통하는 능력, 조직에 적응하는 능력, 갈등을 조율하고 해결하는 능력, 타인의 생각과 감정에 공감하는 능력 등을 증명해야 한다. 결국 좋은 성적, 좋은 입시 결과를 도출해 내는 필수요건이 원만한 교우 관계이다. 심지어 공잘친들은 친구들로부터 순수한 선의를 바탕에 둔 지지와 도움을 받기도 한다. 성장하는 과정에서 타인과의 원만하고 바람직한 관계 형성 방법을 배우는 것은 중요한 과업이다.

지금 친구들과 사이가 좋지 못하다면 그 문제부터 먼저 해결해야 한다. 공부는 그다음이다. 원만한 관계의 핵심은 타협이다. 단, 양보의 범위는 자신의 자존감을 지키는 선까지이다. 그 이상의 양보는 허용하면 자신이 다친다. 스스로 상처를 주면서까지 이어가야 할 관계란 아무것도 없다.

선생님에게
좋은 학생이 될 필요는 없다
일관성 있는 자기 신뢰

낙관적인 태도는 목표 달성에 필수불가결한 요소이며,
용기와 진정한 발전의 토대다.
―로이드 알렉산더

한 설문조사에서 본 바로는, 학생들이 가장 싫어하는 것 중에 하나가 '선생님이 학생들을 차별하는 것'이라고 한다. 그러나 미안하지만, 교사로서 학생지도를 하다 보면 어쩔 수 없는 일이다. 정확하게 말하면 차별이 아닌 개별 지도가 필요하다.

개인이 가진 특성은 각각 다르다. 똑같은 방식으로 대하는 것은 평등해 보일 수는 있어도 개인에 대한 배려는 결여된다. 이렇게 학생의 성격이나 현재 상황, 가정문제, 교우 관계 등을 고려하여 지도하다 보면 오해를 받기 쉽다. 심지어 학생들이 이를 두고 불만을 제기한다는 것을 알고 있어도 해명할 수 없는 경우도 있다.

필자가 아는 한 동료 교사는 학급 내 학교폭력 피해 학생을 보호해야 하는 상황이었다. 학교 밖에서 다른 학교 학생들에게 폭력을 당했기 때문에 교내의 학생들은 그 학생의 피해 사실의 모르고 있었다. 이 학생은 학교폭력의 후유증으로 병원 치료와 정신과 상담을 받고 있는 상황이었다. 수업에 참여하지 못하는 경우 학교폭력 관련 규정에 따라 결석을 인정결로 처리되기도 했다.

당시 담임교사는 피해 학생의 정신적 안정을 위해서는 학급의 다른 학생들에게 이러한 상황을 말할 수 없었다. 그러나 다른 학생들은 이 일에 관하여 오해하고 해당 학생의 결석은 관대하게 처리하는 담임교사에 대한 불평이 나오기 시작했다. '누구는 지각만 해도 야단을 맞는데, 누구는 계속 무단결석을 하는데도 그냥 넘어간다'며 교사의 부당한 차별에 대해 교육청에 항의 전화까지 할 정도였다. 물론 이는 교사와 학생들 간의 오해에서 일어난 상황이었기에 잘 해결되었지만 얼마나 아이들이 차별에 민감하게 반응하는지를 알 수 있었던 사건이었다.

교사도 공정하게 대히려고 노력하지만 모든 학생들에게 똑같은 관심과 애정을 보일 수는 없다. 교사의 입장에서 좀 더 관심이 가는 학생이 있고 그렇지 못한 학생도 있다. 심지어 두렵거나 피하고 싶은 학생도 있기 마련이다. 학생 입장에서는 이런 부분들이 궁금할 것이다. 학교생활에 도움이 될 수도 있기에 이 장에서 잠시 서술해 보고자 한다.

수업의 주인공은 학생이지만 수업에서 학생이 주인공의 자리에 오게끔 허락하는 것은 교사의 권한이다. 교칙이 정하는 범위 내에서 일정한 자율을 허락하기도 하고, 통제하기도 하는 것 역시 교사의 재량이다. 물론 교사 입장에서는 공정하게 학교 일들을 처리하고자 노력하지만, 교사의 재량에 의해 좌우되는 부분들이 많은 것이 사실이다.

여기서 주관적 판단이란 평가를 제외한 수업 및 학교생활에서 학생 지도를 말한다. 교사 개인이 가진 삶의 가치관, 교육관, 사명감에 따라서 같은 상황이더라도 다르게 대처하고 판단하게 되는 것이 사실이다. 심지어 육체적 피로나 질병, 동료교사와의 관계, 정서적, 심리적 문제 등 이러한 개인적인 요소들까지도 학생 지도에 영향을 미친다는 점을 부인할 수 없다. 사실 이런 부분들을 학생들도 어렴풋이 잘 알고 있다. 따라서 학생들도 선생님의 '눈치'를 보게 된다.

현 입시체제에서 대학은 성적만 높게 받는 학생들을 요구하지 않는다. 학생에 대한 평가는 성적 외에도 학교생활 전반에 대한 평가를 한다. 지원하는 학생이 어떤 학생인가를 설명하는 공식적인 증거자료가 생활기록부이다. 생활기록부는 교사의 재량이 가장 많이 드러나는 부분으로, 모든 기록이 교사에 의해서 이루어진다. 이 부분은 사실 교사로서도 많이 난감한 부분이다. 생활기록부라는 것이 공정하고 객관적으로 기록되어야 하지만 교사로서 학생들을 보는 관점이 100% 객관적일 수는 없다.

생활기록부를 서술하는 데 있어 교사 개인의 표현 방식의 차이, 가중치를 두는 교육 활동의 차이, 학생 상담의 깊이나 횟수의 차이 등

여러 요소에 따라 서술의 주관이 개입된다. 심지어는 부적절한 언행으로 문제를 일으킨 학생이라도 학생의 미래 발전 가능성과 가시적으로 측량될 수 없는 학생의 내적 성장, 교사로서 학생의 장래를 걱정하는 마음 등이 더해져서 차마 직설적으로 학생의 부정적인 부분에 관해 서술하지 못하는 교사들도 많다. 교육이라는 것이 투입과 산출이 명확하게 드러나는 분야가 아니다. 학생이 학교 교육을 통해 눈에 띄는 성장과 발전을 보이는 시기가 '지금'일 수도 있지만, 졸업 후 수년, 또는 수십 년이 될 수도 있다. 이러한 예측 불가능한 요소들에 대한 겸손한 태도가 교직 문화에는 아직 남아 있다.

반대로 공부도 못하고 특별히 뛰어난 점은 없지만 더욱 관심과 애정을 쏟게 되는 학생도 있다. 성적은 좀 부족해도 대학에서 이 학생의 장점들을 제대로 알아봐 줬으면 좋겠다는 생각에서, 생활기록부를 작성하면서도 좀 더 '마음이 쓰이는' 학생도 있다. 그렇다면 선생님들이 좋아하는 학생들은 어떤 학생들일까? 공부를 잘하는 학생일까?

학부모나 학생들은 선생님들이 공부 잘하는 학생만 좋아한다고 자주 오해를 한다. 이는 결코 아니다. 학기 초 담임 면담에서 어떤 학부모는 "공부 잘하는 학생들 말고 저희 애처럼 부족한 애들도 좀 많이 살펴봐 주세요"라고 하는 경우도 있었다. 공부만 잘하고 인성은 엉망인 학생을 선생님이 좋아할까? 오로지 성적과 입시에만 관심 있고 이기적인 행동들만 하는 학생을 단지 성적이 높다는 이유만으로 애정을 가지게 될까? 선생님들이 좋아하는 학생은 선생님 앞에서 잘 보이려고 애쓰는 학생도, 공부를 잘하는 학생도 아니다. 정말로 선생님들이 좋아하는 학생들은, 밝은 성품의 학생들이다.

교사가 학생과의 관계에서 주도적인 위치에 있다고 생각할 수 있지만, 인간관계라는 것이 일방적인 것은 없다. 교사도 사람이다. 학생과 감정을 주고받고, 어떤 경우에는 학생으로부터 위로와 힘을 얻기도 한다. 교사가 좋아하는 학생이란 바로 이런 에너지를 주고받을 수 있는 밝고 긍정적인 학생이다. 또 이러한 긍정적인 태도에 일관성이 있어야 한다. 일관성이 있다는 것은 예측 가능하다는 것이고 예측 가능하다는 것은 믿음직스럽다는 뜻이다. 즉 신뢰가 가고 안정감이 있다는 의미다. 따라서 선생님이 좋아하는 학생이란 자기 자신을 변함없이 긍정하는 학생이다.

어떤 나이가 지긋하신 선생님이 그 반에서 가장 말썽꾸러기였던 학생에게 웃으면서 이런 말을 하셨다. "내가 너를 싫어한다고 생각할지 모르지만 나는 너를 좋아해. 왜냐하면, 너는 항상 일관성 있게 나쁜 행동을 하거든. 선생님 앞에서는 착한 척을 하고 돌아서서 나쁜 행동을 하는 학생들도 있지만, 너는 그렇지 않아. 그래서 나는 너를 좋아해. 항상 일관성 있거든." 학생도 웃으면서 듣고 선생님도 웃으면서 하신 농담이었지만, 의미 있는 이야기이다.

행동이 예측 가능하다는 것은 통제가 가능하고, 통제 가능하다는 것은 어떤 문제가 발생했을 때 해결을 할 수 있는 가능성이 높다는 것을 의미한다. 교사의 입장에서는 문제 해결의 고민을 덜어주는 학생이 바로 이런 일관성이 있는 학생이다. 일관성이 있는 학생은 믿을 수 있다. 책임과 의무를 쉽게 저버리지 않고 열심히 성실하게 해낼 것이라고 예상하게 된다. 즉, 신뢰감을 준다. 사실 이러한 신뢰감은 교사가 그 학생을 신뢰하기 이전에 학생 스스로 자신을 이미 신뢰하고 있어야 만들어질 수 있다.

'나는 나 자신과의 약속을 지키는 사람이다. 나는 내가 믿을 수 있는 사람이다'라는 자기 확신이 중요하다. 이러한 자신에 대한 믿음은 공찰친들이 공통적으로 가지고 있는 요소들이라고 할 수 있다.

그렇다면 자신에 대한 믿음은 어떻게 생기게 되는 것일까? 이는 긍정적인 성취의 반복으로 얻을 수 있다. 즉, 자신이 계획했던 일을 반복적으로 달성하게 되면 생길 수 있는 요소다. 그러나 모든 일이 계획대로 성취되기란 쉽지 않다. 항상 실패는 따라오기 마련이다. 오늘 수학문제 10개 풀려고 했지만 실패. 오늘 영어단어 50개 외우기로 했지만 실패. 이런 식으로 매번 실패하고 있다면, 어떻게 자기 신뢰를 만들 수 있을까? 자기 자신을 믿는 사람은 실패하지 않아서가 아니다. 실패를 받아들이는 자세가 다를 뿐이다.

진짜 문제는 실패를 자신의 가치와 연결 지음으로써 생기게 된다. 주어진 과제를 해결하지 못하고 낙오된 자신의 모습을 자신의 가치와 연결 지어서는 안 된다. 문제를 풀지 못했다고 나의 가치가 낮아지는가? 또는 이 문제를 풀었다고 해서 나의 가치가 높아지는가? 성공과 실패를 자기 가치와 연결 짓지 않을 때 진정한 성장이 이루어진다.

모든 일에서 남들보다 뛰어나야 한다는 생각이 성장을 가로막는다. 자신은 잘해낼 수 있을 것이라는 믿음을 가지되, 실패를 자기 가치와 연결 지어서는 안 된다. 한번 다음의 물음을 스스로에게 던져보자.

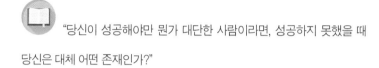

"당신이 성공해야만 뭔가 대단한 사람이라면, 성공하지 못했을 때 당신은 대체 어떤 존재인가?"

《마인드셋(mindset)》중에서, 캐럴 드웩

자기 확신이나 자기 신뢰는 모든 일에 늘 성공하는 사람만이 가질 수 있는 요소가 아니다. 어떤 과제나 도전에 실패했다고 해서 스스로 열등하고, 어리석은 사람이라고 생각해서는 안 된다. 일의 성공과 실패의 문제는 자신의 가치와는 별개의 문제다.

'나는 지금은 실패했지만 다시 해낼 수 있는 사람이다. 나는 강한 의지를 가진 사람이기 때문에 성공할 것이다. 나는 책임감 있는 사람이고, 나는 원하는 것을 성취해낼 수 있는 능력을 갖춘 사람이다'라는 생각을 할 줄 아는 사람이 결국 마지막에 이기는 사람이다. 공잘친은 이런 생각을 곧잘 할 줄 안다.

즉, 공부를 잘하고 못하고가 중요한 것이 아니다. 밝은 성품으로 매사를 긍정적으로 보는 학생이 교사가 생각하는 최고의 학생이다. 매사를 긍정적으로 본다는 의미 속에는 자신을 긍정적으로 바라볼 줄 안다는 의미도 포함된다. 자기가 자기 자신을 좋아해야 선생님을 비롯한 주변 사람들도 그 사람을 좋아할 수 있다는 말이다. 청소도 남들보다 더 열심히 하고, 친구들도 잘 도와주고, 여러 가지 모범적인 일을 많이 하는 것도 좋지만, 그것보다 더 중요한 것은 자신에 대한 긍정적인 인식이다.

'이번 시험은 기대했던 것만큼 결과가 좋지는 않네. 하지만 열심히 하고 있으니까 다음 시험에는 더 좋은 결과가 꼭 나올 거야.' 이런 식으로 긍정적으로 매사를 바라볼 줄 아는 태도는 주위 사람들도 편하게 한다. 이런 학생들은 보고만 있어도 흐뭇해진다. 실제로 이런 학생들은 성적에서 상승곡선을 그린다. 변함없는 성공보다는 변화 있는 성장을 보여주는 모습이 중요하다.

미 항공우주국(NASA)에서 잠재력을 판단하는 하나의 방법으로 우주비행사 후보를 모집할 때 오로지 성공만 경험해 본 사람들을 제외하고, 대신 인생에서 중대한 실패를 겪은 후 그로부터 멋지게 회복한 사람들을 골랐다고 한다. 제너럴 일렉트릭(GE)의 전설적인 CEO인 잭 웰치가 임원을 선발하는 기준 또한 성장 가능성이었다.

교사에게 있어 최고의 학생은 마치 완성된 퍼즐처럼 채워줄 것이 없는, 완벽한 학생이 아니다. 교사에 의해 부족한 부분을 채워나가는, 즉 성장해 나가는 학생이 최고의 학생이다. 그들은 교사에게 보람과 성취감을 줄 수 있기 때문이다.

물론 학생의 늘 변함없는 우수한 모습을 지켜보는 것도 흐뭇한 일이다. 그러나 더 큰 기쁨은 성장하는 학생들을 바라보는 것이다. 성장하는 학생들은 긍정적일 수밖에 없다. 성장하기 위해서는 실패와 좌절을 긍정적으로 수용하지 않으면 안 되기 때문이다. 매사에 부정적이고, 공부 외에는 관심이 없고, 학교생활도 스펙 쌓기에만 열중하는 학생을 선생님도 좋아할 리가 없다. 항상 밝은 표정으로 자신과 주변을 따뜻하게 볼 줄 아는 사람은 주변에 사람들이 모인다. 목표달성은 혼자만의 힘으로 해낼 수 없다. 주변의 보이지 않는 도움들이 합쳐져서 결과를 이룬다. 타인을 위해서가 아니다. 자신을 위해서 자신을 믿고 긍정적으로 바라본다면 주변 사람들에게도 그런 모습으로 비칠 것이다.

미국의 미네올라 중학교에서는 공부라는 것은 처음부터 잘하는 것이 아니라 도전이라는 것을 가르치고 있는 학교이다. 즉, 어려운 과제나 장애물을 만나는 것은 스트레스가 아니라 나를 더 강하고 똑똑하게 해주는 긍정적인 자극이라는 인식을 갖도록 해 주는 것이다.

"정말 멋지다고 생각해요. 실패하면 어떻게 하는지 배워서 계속 노력하면 된다고 하니까요."
미네올라 중학교 1학년 마야 심불런 학생의 말이다.

"아이들은 똑똑해지는 능력이 자신의 손에 달렸다는 점을 인식하게 돼요. 태어날 때부터 똑똑하고 멍청하거나 태어날 때부터 수학을 잘하고 못하거나. 태어날 때부터 운동을 잘하고 못하거나 하는 것이 아니라는 것을 배우죠. 즉, 능력은 타고나는 것이 아니라 성장하는 것이라고 배우는 것이죠. 아이들은 수업에 들어오면 위험을 감소할 준비가 되어 있고 실패를 축하해요. 결국 그것이 성공을 위한 노력의 일부가 된다는 것을 알고 있으니까요. 그런 점이 아이들의 공부에 대한 스트레스를 낮추죠. 공부에 마음을 열도록 도와주고요."

실패는 성장의 또 다른 단어이다.

〈EBS 다큐멘터리, 공부 못하는 아이〉 中

관심 받는 것에
관심 없는 공잘친

요구되는 애정, 강요되는 관심

우리는 진정한 능력과 과제를 다룰 수 있는 적절한 역량이 아닌,
타인의 의견에 기초하여 자존감을 형성하는 것이
위험하다는 사실을 더 확실히 알게 되었다.

—에이브러험 매슬로우

우리나라 청소년들이 학교에 머무르는 평균시간은 중학생 8시간 3분, 인문계 고등학생 12시간 1분이다. 이 중 인문계 고등학생 10명 중 4명 이상은 밤 10시가 넘어야 하교했고, 자정을 넘긴 밤 12시 52분에 누웠다가 오전 6시 43분에 일어났다. "수면시간이 너무 부족하다"라고 응답한 고등학생은 82.7%나 됐다. 평균 수면시간은 6시간 6분이다.

2015.8.27. 국민일보

이처럼 청소년들의 수면 시간은 짧고 학교에서 머무르는 시간은 길다. 고등학생의 경우 학교에서 12시간을 머무른다고 해서 나머지 시간을 가정에서 보내는 것도 아니다. 사교육을 받거나 따로 학습할 수 있는 장소로 이동하여 10시 이후에나 귀가하는 것이 보통 인문계 고등학생들의 생활이다. 그러다 보니 가정에서 부모님과 얼굴을 마주 보는 시간보다 학교에서 선생님이나 친구들과 함께 있는 시간이 많다. 학생과 학생, 학생과 교사와의 관계 역시 인간관계이다 보니 그 속에서 상처를 주거나 받기도 한다. 때로는 관심을 원하기도 하고, 거부하기도 하는 등 다양한 감정들이 오고 간다.

많은 학생들이 이렇게 힘든 학습 스케줄로 인해 부모와의 관계 속에 충분히 형성되어야 하는 '사랑받고 있는 느낌'이 결핍된다. 부모님의 사랑이 부족해서가 아니라 사랑을 느낄 시간적 여유가 부족한 탓도 있다. 그 과정에서 아이들은 불안과 동시에 무기력을 경험하게 된다. 이러한 심리적 문제들은 다양하게 표출되는데, 이 때문에 성장 발달에 필요충분조건인 '무조건적인 사랑과 지지'를 가장 가까운 어른인 교사에게 구하는 경우도 있다.

즉, 교사에게서 무조건적인 사랑을 기대하고 관심과 애정을 표현해주기를 의식적, 무의식적으로 바란다. 대부분의 학생들은 자신의 행동이 이러한 욕구에서 비롯되었다는 것을 자각하지 못한다. 교사의 훈계, 지도까지도 일종의 관심과 사랑으로 느끼는 경우도 있다. 문제 행동을 하게 되면 다른 아이들과 다른 특별한 관심 속에 놓인다는 것을 알고 자꾸만 문제행동을 일으키기도 한다.

이러한 관심을 얻고자 하는 마음은 종종 교사에 대한 격렬한 반항으로 표출되기도 하고 무기력, 무관심, 침묵, 회피 등으로 표출되기도 한다. 때로는 끊임없이 말하기, 질문하기, 고민거리 말하기, 심한 장난으로 주의 끌기, 침통한 표정 짓기 등 다양한 형태로 나타난다.

이러한 형태로 나타나는 불안정한 태도들은 교사의 주의가 요구되는 행동들이다. 심지어 직접적이고 즉각적인 처치 등이 요구되는 중대한 사안도 포함된다. 아이에게 심각한 일이 일어난 것 같아 교사가 불안해하고 걱정하는 모습을 보여주는 것이 때로는 학생이 궁극적으로 원하는 반응일 수도 있다. 즉, 이런 학생들에게는 문제의 해결보다는 학생에 대한 관심을 보여주는 것이 중요하다. 그러나 아무리 교사가 관심과 애정을 쏟는다고 하더라도 그것이 부모로부터 받는 조건 없는 사랑이 될 수 없기 때문에 아이들의 기대에 어긋나기 쉽다. 이로 인해 교사도 학생도 상처받는 일이 생긴다.

이러한 부분들은 교사로서 사실 난감하다. 특정 학생이 요구하는 특별한 관심은 다른 아이들에게 상처가 되기 쉽고, 매우 조심스럽다. 심지어 경계해야 하는 순간도 있다. 교사는 심리상담자의 역할을 하기도 하지만 전문적으로 이러한 문제를 해결해 줄 수가 없다. 지나치게 심리적으로 의존하거나 개인사에 깊이 개입하게 되면 오히려 학생의 자립을 해칠 수도 있다.

보통 학생이 교사와의 관계에서 주로 상처받는 입장에 선다고 생각하기 쉽지만, 교사 역시 아이들로부터 상처를 받는다. 지금도 가끔 학생들 앞에 서면, 다수 앞에 위태롭게 서 있는 개인으로서 불안과 부끄러움을 느끼기도 한다. 상처받지 않기 위해 때로는 다양한 형태로 방어하기도 하고 의도적으로 무관심을 드러내기도 한다. 한편 교사의 태도, 학생 지도 스타일, 성격, 교육관, 심지어 외모까지도 학생들이 교사를 판단하는 자질에 들어간다. 따라서 학생 개인의 성향에 따라 이유 없이(?) 싫은 선생님도 있다. 부모와의 관계에서 형성된 불만이나 분노가 확대되어 기성세대에 대한 부정으로 이어지고, 그 속에서 가장 가까운 어른인 교사에게 표출되기도 한다.

학생뿐만이 아니라 때로는 교사도 학생들의 애정을 갈구하기도 한다. 좋은 교사, 존경받는 교사가 되고 싶은 마음은 누구나 마찬가지일 것이다. "선생님의 수업시간이 재미있어요", "선생님 수업은 귀에 쏙쏙 들어와요. 선생님 덕분에 과목에 대한 흥미가 생겼어요" 등의 말은 교사라면 누구나 듣기를 원하는 말들일 것이다. 눈에 보이는 성과가 없더라도 아이들의 이런 말 한마디면 모든 수고와 노력이 보상받는 기분이 드는 것이다.

청소년기는 정체성을 확립해 나가는 시기다. 스스로가 어떤 사람인지를 알아가기 위해서는 자신이 타인에게 무엇을 요구하고 있는지를 살펴볼 필요가 있다. 즉, 타인에게 느끼는 자기 생각과 감정을 되짚어 봐야 한다. 호감, 비호감, 저항, 수용 또는 회피 등의 다양한 자신의 감정들을 되짚어 본다면 진짜 자신의 모습을 알아가는 데 도움이 될 수 있다. 가장 중요한 것은 타인의 인정이나 관심과는 상관없이 자신을 스스로 인정하고 사랑하는 것이다. 자신을 충분히 사랑한다면 타인의 칭찬이나 관심으로 금방 기분이 좋아졌다가 다시금 우울해진다 하는 일은 없을 것이다.

인간이면 누구나 사랑받고 관심 받고 싶어 하는 마음을 가지고 있다. 그러나 그것에 의지하여 자신의 가치를 평가받고, 때로는 기분이 좌지우지되고 있다면 관심과 애정이라는 줄에 매인 것이다. 다른 사람에게 사랑받지 못한다 하더라도, 심지어 비난받고 외면받는다 하더라도 그것을 견뎌낼 만큼 강한 마음을 가지지 못하면 공부를 잘할 수 없다. 다른 사람의 사랑과 인정은 나의 가치와 아무 관련이 없다.

힘든 일들이 생기더라도 그것을 견뎌내는 힘은 결국 자기 자신을 얼마나 사랑하느냐에 달렸다. 공잘친은 타인의 인정 따위에 얽매이지 않는다. 그와 상관없이 자신을 스스로가 사랑하기 때문이다. 공부는 자신을 사랑하는 평화로운 마음이 자리 잡았을 때에야 비로소 시작되고, 또 성취될 수 있다.

자기 이해 지능 체크리스트

자기 이해 지능이 높은 사람들은 자신에 대한 깊이 있는 성찰, 인
생의 목표의식, 방향성이 뚜렷하며, 자신의 에너지를 어디에 쏟아야
할 지에 대한 확신을 갖고 있다. 따라서 목표 달성을 위해 끈기 있게
노력하며 사소한 것에 쉽게 흔들리지 않기 때문에, 항상 발전하는 삶
을 산다는 것이 특징이다. 자신에 대한 정확한 이해는 자신의 부족한
부분을 정면으로 인식하고 객관화하는 데서 출발한다. 이것이야말
로 가장 고차원적인 지능이라고 할 수 있다.

자기이해 지능(intrapersonal intelligence)

- 자신의 감정에 대한 접근, 감정들을 구별하는 능력 자신의 행동을 이해하고 안
  내하는 수단으로의 감정이다.
- 자신의 감정에 충실하며, 자신을 위해 진지한 삶의 목표를 세우고, 자아존중감
  이나 자기 향상욕구도 강하다. 또한 자신의 몸과 정신 상태를 누구보다 잘 알기
  때문에 스스로를 적절하게 제어할 수 있다. 예를 들어 몸에 무리가 오면 스스로
  가장 먼저 위험을 느끼고 몸을 잘 다스리며, 감정이 격앙되었다고 하더라도 절
  제력을 동원해 스스로 억누르며, 화를 냈을 때도 금세 잘못을 깨닫고 고친다.
- 목표를 실현하기 위해 자신을 다스리는 성향은 사회적 성취감을 키우는 데 도움

을 주며, 성공으로 이끄는 필수 요소가 된다.

- 인간친화지능과 마찬가지로 인성변화에 중요한 역할을 담당하는 전두엽이 관련되며, 자폐증은 자기이해지능이 손상된 전형적인 예다.
- 자폐증을 가진 사람이 무관심, 둔함, 무감정인 이유는 자기이해지능이 없기 때문이다.

주요 특징

1. 유난히 생각이 깊고 의젓하다.
2. 자신의 내면을 들여다보며 매사에 침착하다.
3. 자기감정, 재능 등 자신에 대해 잘 알고 있다.
4. 혼자서 하는 일을 즐기고 집중력이 강하다.
5. 자기 자신을 이해하고 자기 존재에 대해 이해한다.
6. 자기이해지능이 떨어지면 문제해결능력 또한 떨어진다.
7. 대체로 자기 반성적이고 목표 지향적이며 자기계발에 흥미가 있다.
8. 사회적 성취욕이 높다.

위와 같은 성향을 가지지 못했다 하더라도, 우리는 살면서 자기이해지능을 높이기 위해 노력해야 한다. 자신의 삶이 어디로 흘러가고 있는지 스스로에게 질문조차 할 수 없을 정도라면, 결코 행복해질 수 없다. 자신이 어디에 와 있는지, 무엇이 자신의 삶에서 진정한 행복을 가져다 줄 수 있는지 자문해 본 적도 없이, 밤을 지새우며 하는 노력들이 무슨 의미가 있을까? 자신을 성찰할 수 있는 사람이야말로 진정 똑똑한 사람이다.

자기 이해 지능 체크리스트(해당되는 항목에 yes 또는 no를 체크하세요.)

번호	항목	yes	no
1	친구들과 어울려 놀기보다 혼자 있기 좋아한다.	☐	☐
2	책 읽기보다 공놀이를 선호한다.	☐	☐
3	장래에 무엇이 되고 싶다고 자주 이야기 한다.	☐	☐
4	화가 나면 소리를 지르고 짜증을 낸다.	☐	☐
5	생활 계획표 짜는 것을 좋아한다.	☐	☐
6	원하는 것을 잘 표현하지 못하고 울기 일쑤다.	☐	☐
7	좋아하는 일과 싫어하는 일이 분명하다.	☐	☐
8	사람이 많고 떠들썩한 곳을 좋아한다.	☐	☐
9	독서나 산책 등 조용히 할 수 있는 놀이를 좋아한다.	☐	☐
10	종종 긍정적인 말보다 비관적인 혼잣말을 한다.	☐	☐
11	피아노나 수영 등 학원을 가면 뭐든 열심히 한다.	☐	☐
12	계획을 세우면 지키는 일이 거의 없다.	☐	☐
13	자신의 기분 상태나 느낌 등을 정확히 표현한다.	☐	☐
14	일기 쓰기를 귀찮아 한다.	☐	☐
15	존경하거나 닮고 싶은 사람이 있다.	☐	☐

16	무엇가를 결정할 때 친구들의 의견을 따르는 편이다.	⬚	⬚
17	어디에서나 당당하고 자신감이 강한 편이다.	⬚	⬚
18	야단맞을 때도 자신이 무엇을 잘못했는지 잘 모른다.	⬚	⬚
19	몸이 아플 때면 어디가 어떻게 불편한지 잘 표현한다.	⬚	⬚
20	감정표현을 하는 일이 거의 없다.	⬚	⬚
21	친구들과 놀다가 화를 낼 때면 차근차근 그 이유를 설명한다.	⬚	⬚
22	하고 싶은 일, 좋아하는 일이 별로 없다.	⬚	⬚
23	잘못한 일에 대해 반성을 하고, 똑같은 일을 안 저지르는 편이다.	⬚	⬚
24	싫어하는 일이 있을 때 왜 싫어하는지 설명하기 어려워한다.	⬚	⬚
25	자기소개를 재미있게 잘 한다.	⬚	⬚
26	책 등을 볼 때 감정이입이 거의 없다.	⬚	⬚
27	자기가 좋아하는 일에 애착이 강하다.	⬚	⬚
28	친구들과 노는 일에 빠지면 잠도 자지 않고, 배가 고파도 밥도 먹지 않는다.	⬚	⬚
29	종종 생각에 깊이 빠지는 일이 있다.	⬚	⬚
30	꿈이 무엇인지 물어보면 대답을 잘하지 못한다.	⬚	⬚

'yes'라고 대답한 문항이 짝수보다 홀수가 많으면 자기 이해 지능이 높은 편이다. 이와 같은 지능은 세심한 주의를 기울여 오래 관찰해 평가해야 한다. 단편적인 테스트로 다중지능 지수를 알아보기에는 무리가 있다. 테스트를 하면서 여러 오류가 개입될 수 있으므로 이는 참고만 하는 것이 좋다.

제 3 장

정서와 성격

공 부 가   잘 되 는
정 서 와   성 격   만 들 기

'좋은 기분'이
곧 에너지이다
의지를 이기는 기분

느낌은 모든 것이다.
—괴테

흔히 자신과의 싸움에서 승리하라고 말한다. 게으른 자신과의 싸움, 소극적인 자신과의 싸움, 무절제한 자신과의 싸움, 부정적인 자신과의 싸움에서 이겨야 한다는 이야기를 듣는다. 그러나 어떤 성취를 위해 매번 자신의 의지를 시험하고 자신을 설득하고, 때로는 몰아붙이는 일을 계속해야 한다면 오래 지나지 않아 금방 지쳐버리고 말 것이다.

학생들이 공부해야 하는 시간은 하루, 이틀, 몇 달 정도가 아니다. 몇 년에 걸쳐 학업을 이어나가야 한다. 사실 그 긴 시간 동안 매번 자신과에 싸움에서 이기는 것은 정말 힘들다. 게임을 하고 싶은데 해서는 안 된다고, 오늘은 그냥 푹 자고만 싶은데 그래서는 안 된다고 자신과 싸운다. 이렇게 싸움을 반복하다 보면 결국 지치는 것은 자신이다.

싸움에서 지고 나면 상처가 남는다. '의지가 약한 나', '게으른 나', '인내심 없는 나', '약속을 지키지 않는 나'가 남는다. 스스로 부정적 자아상을 만들어 가게 되는 것이다. 설령 자신과의 싸움에서 이긴다고 하더라도 매번 강한 의지력을 유지하기 위해서는 엄청난 에너지가 소모된다. 아직 정신적, 육체적, 정서적으로 미숙한 청소년기에 강한 의지력을 강요하여 스스로와 싸워 이기기를 강요하는 것은 어쩌면 너무나 가혹한 일일지도 모른다. 공부를 위해서 많은 유혹을 이겨낼 것을 요구하고, 또 실패하면 쉽게 비난한다. 게임을 1시간 더 했다고, 늦잠 좀 잤다고, 먹지 말라는 거 먹었다고, 학원 안 갔다고……. 너무나 많은 자유를 통제받는다.

자신과 싸워 이겨야 한다는 말은 이성적으로 자신을 통제하라는 말이다. 우리는 이성을 신뢰한다. 그러나 우리는 '해서는 안 되는 것을 알지만 하고 싶은 것들'을 얼마나 많이 하고 있나?

이성은 너무도 쉽게 무너진다. 이성, 판단, 합리, 논리는 정직하고 신뢰할 만한 가치이며, 감성, 무의식, 느낌, 직감은 믿을 수 없고 의지해서는 안 되는 가치라고 생각하지만 정작 우리를 이끄는 것은 전자보다는 후자가 크다. 우리는 의외로 순간의 기분, 느낌, 직감에 의해서 많은 결정을 내리고 행동한다. 기분이 좋아서 먹지 않던 것을 먹기도 하고, 공부가 더 잘되기도 한다. 혹은 기분이 나빠서 공부를 하지 않기도 하고, 약속을 어기기도 하고, 그냥 느낌 때문에 어떤 일을 하기도 하고, 하지 않기도 하고……. 즉, 우리는 우리가 생각하는 것만큼 그렇게 이성적이지도 못하고 의지가 강하지도 못하다.

수많은 이성적 논리와 합리적 근거를 가지고도 순간의 감정을 이기지 못한다면, 의지를 탓할 것이 아니라 감정을 통제하면 어떨까?

공잘친들의 공통점은 의지력이 강한 것도 아니고 아이큐가 높은 것도 아니다. 다들 사교육을 많이 받은 것도 아니다. 필자가 10년 넘게 학생들을 지켜본 결과 그들의 공통점은 항상 자신의 '기분'을 적절히 조절하고 있다는 것이다.

"선생님, 저는 모의고사 점수를 매번 칠 때마다 차이가 너무 심해요. 시험 치는 날 기분에 따라 점수가 거의 20점 씩 높았다가 낮았다가 해요." 필자가 근무하고 있는 학교의 학생이 며칠 전에 한 말이다. 이 학생만 겪는 특이한 일이 아니다. 정도의 차이가 있을 뿐 누구나 그렇다. 부정적인 정서가 높으면 학업성취도가 떨어진다. 즉 학업스트레스와 같은 부정적인 감정을 이겨내느라 공부에 쓸 에너지가 소진되기 때문이다.

"감정이 학습 능력과 직접적 관련이 있다는 것은 분명한 사실입니다. 아이에게 학습 환경을 마련해 주지 않고서 배우기를 강요해서는 안 되죠. 배우기 위해서도 감정적으로 건강해야 합니다. 걱정이나 공포에 에너지가 전부 소진되면 정작 학습, 암기, 분석하는 데 쓸 에너지가 없게 되죠." 조세핀 김 하버드 교육대학원 교수의 말이다.

좋은 기분이 에너지를 만든다. 즉 힘이 생긴다. 힘이 생기면 저절로 의지가 생긴다. 기분은 우울한데 머릿속으로 '나는 오늘도 공부를 꼭 해야 해'라고 하면서 자신을 다그치면 지나치게 많은 힘이 든다. 기분이 우울하면 아무것도 하고 싶지 않은 것이 당연하다. 에너지가 바닥이기 때문이다. 그 상태에서 이성과 논리로 스스로를 설득하고 강요하면 당연히 힘들다. 이런 식의 사고방식으로는 결코 장기적으로 공부하지 못한다.

스스로의 기분을 좋게 만들 수 있는 방법을 찾아야 한다. 자신이 바라는 자신의 모습에 대한 긍정적인 확신, 나는 잘될 수 있다는 생각, 나에게는 좋은 일이 일어날 것이라는 믿음, 자기 확신을 통해 좋은 기분을 의도적으로 만들어야 한다. 예를 들어 원하는 대학에 합격한 문자를 받은 장면을 상상해 보자. 꼭 대학 합격이 아니더라도 상상하기만 해도 기분 좋아지는 '그 무엇'을 만들어야 한다. 여기서 중요한 것은 현실가능성의 여부를 따지지 않고 그저 상상하는 것이다. 그 상상으로 에너지를 얻으면 그만이다. 자꾸 이성을 개입시켜 현실가능성을 따지게 되면 에너지를 얻지 못한다. 기분을 좋게 만들고 에너지를 끌어올릴 수 있는 자신만의 의식과 절차를 만드는 것도 좋다. 그것이 얼마나 유치하고 사소한 일인지, 심지어 얼마나 어처구니 없는(?) 행동인지 따지는 것은 중요하지 않다.

편안한 마음, 기분이 좋아지는 방법은 의외로 소박할 수도 있다. 남들 눈에는 바보같이 보이더라도, 자신만이 좋아하는 '그 무엇'인가를 떠올려도 좋다. 그저 나를 밝은 에너지로 전환시켜 줄 수 있는 것들이라면 무엇이든 상관없다. '그 무엇'은 기분을 전환시켜 줄 수 있는 하나의 버튼 같은 것이다. 그리고 언제든 자신의 기분을 유심히 살펴가며 버튼을 누르는 것이다. 아름다운 여행지의 풍경이 되든, 자신의 미래의 모습이 되든, 중요한 것은 에너지를 끌어 올리는 것이다.

'자신을 높이는 허상이 낮은 곳의 진실보다 더 가치 있다'는 말이 있다. 그것이 헛된 공상인지, 아니면 자신의 목적을 이루기 위한 자기관리의 도구인지는 스스로의 선택에 달렸다.

'좋은 기분'이 확실히 공부를 잘하게 하는 이유는 의학적으로도 분명하다. 혈액의 흐름은 대부분 신경이 조절한다고 한다. 이 신경을 보통 '자율 신경'이라 부르는데 자율 신경은 다시 교감 신경계와 부교감 신경계로 나뉜다. 이 둘은 서로 상반되게 작용한다. 교감 신경은 사람이 긴장, 흥분, 불안 상태에 빠지면 혈관을 수축시키고 혈압을 높인다. 반대로 부교감 신경은 혈관을 확장하고 이완시켜 혈압이 낮아지도록 작용한다. 교감 신경과 부교감 신경은 혈관에 바싹 붙어 있어서 혈관에 강한 영향을 미친다. 그러므로 피가 부드럽게 흐르려면 부교감 신경이 지배하는 상태, 즉 교감 신경이 작용하지 않는 상태를 유지해야 한다. 교감 신경은 심리적 불안이나 흥분, 불안 이외에도 불쾌감이나 분노, 미움, 추위 등을 느낄 때 활성화된다. 반대로 마음이 차분하고 편안한 상태, 예를 들어 즐거움을 느낄 때, 기분이 좋아서 웃을 때, 주위가 따뜻할 때는 부교감 신경이 활성화되면서 혈관이 활짝 열린다.

피가 온몸에 잘 흐르는 상태에서는 뇌 기능도 활발해진다. 뇌에 혈액 공급이 원활히 잘되어야 인지기능이 활성화된다. 《둔감력》의 저사, 일본의 외과 의사이자 작가인 와타나베 준이치가 말하길, '피가 온몸에 잘 흐르게 하는 가장 좋은 방법'은 언제나 밝고 편안한 마음을 유지하는 것이라고 한다.

공부는 결국 힘이 있는 사람이 승리하는 게임이다. 한 달 두 달 하는 공부가 아니고 몇 년에 걸친 오랜 시간 동안 방대한 지식을 쌓아야 하는 긴 여정이다. 따라서 공부는 결국 장기적으로 힘이 있는 사람, 에너지가 있는 사람, 끝까지 흔들리지 않고 하는 사람이 이기는 게임이다. 좋은 기분, 좋은 감정은 힘을 준다. 힘은 의지를 이끌어 낸다. 의지가 있다면 결국 해내고 말 것이다.

📖 매일매일 공부 시작 전에는 마치 하나의 의식처럼 퀸의 〈We are the champions〉나 머라이어 캐리의 〈Hero〉 같은 희망적인 노래를 들으면서 수능에서 만점을 받는 순간을 상상했다. 그렇게 기분이 좋아진 상태로 책을 펼쳐드니 예전과는 비교조차 안 될 만큼 공부 효율이 좋아졌다.

"수능 수학에서 만점을 받는 상상을 했어요. 수능 날 내가 아주 거침없이 문제를 풀어나가는 모습을 머릿속에 그려요. 심지어 어떤 자세로 문제를 푸는지도요. 채점을 하는 순간도 역시 머릿속에 그려요. 한 문제, 한 문제 채점하는데 전부 동그라미… 다 맞힌 걸 확인하고 소리 지르는 순간까지, 마치 영사기처럼 머릿속에서 영상을 재생시키는 거예요. 그렇게 상상을 하고 나면 신기하게도 진짜 기분이 좋아져요. 바로 그 상태에서 음악을 끄고 공부를 시작했죠. 그리고 그때 상상했던 일들이 놀랍게도 실제로 일어났어요. 수능 수학에서 만점을 받았거든요. "

《우리가 공부를 결심해야 하는 이유》 중에서, 이인혜, 고려대학교 미디어학부

독서는 에너지를 충전하는
가장 빠른 방법
슬럼프 탈출을 위한 최고의 방법

한 시간 독서로 누그러지지 않은 걱정은 결코 없다.
—샤를 드 스공다

공부에는 많은 정신적, 정서적, 육체적 에너지가 요구된다. 에너지가 넘치는 사람이 공부도 잘한다. 에너지가 넘친다는 것은 성격의 외향성을 말하는 것이 아니다. 어떤 일이든 해내고자 하는 강한 의지와 실천을 보이는 사람을 말한다. 공부를 잘하기 위해서는 에너지가 필요하고, 이 에너지를 높은 상태로 유지하기 위해서는 많은 노력이 필요하다. 무기력해지지 않도록 스스로를 다독이며 의욕을 가질 수 있도록 하는 자기 관리가 요구된다. 즉, 목표달성을 위한 의지가 행동으로 실천될 수 있을 정도로 에너지를 끌어올려야 한다. 대입을 위한 준비과정은 길다. 중학교 생활까지 포함한다면 거의 6년 이상 공부에 매진해야 한다. 이 오랜 시간 동안 누구나 슬럼프가 없을 수는 없다.

열심히 노력하는 것 같은데도 성적이 자꾸만 떨어질 때, 공부가 정말 하기 싫을 때는 어떻게 해야 할까? 다른 사람들이 나를 위한 완벽한 위로를 해 주길 바랄 수는 없다. 공부가 너무 힘든데 친구나 부모님, 선생님은 나의 마음을 몰라주는 것 같은 느낌. 이럴 때 자신을 가장 완벽하게 위로해 줄 수 있는 것이 바로 책이다. 자신의 마음을 가장 잘 알고 있는 것은 바로 자신이다. 정답은 자신만이 알고 있다. 이때 책은 정답을 찾을 수 있도록 돕는다. 문제에 대한 답은 자기 자신이 찾아야 하는데, 이를 스스로 깨닫게 만들어 주는 것이 책이다. 특히 자신에게 꼭 맞는 좋은 책을 만났을 때 가장 완벽한 위로를 받을 수 있다.

가끔 "저는 책 읽는 것이 재미없어요"라고 말하는 학생들을 보게 된다. 책은 작가의 생각 덩어리다. 어떤 사람의 이야기를 정말 듣고 싶지 않고 대화하고 싶지 않은 경우가 있듯이, 어떤 책은 정말 읽기 싫은 경우가 있다. 이런 경우, 많은 학생들이 책보다는 자기 자신을 탓하게 된다. 그리고 쉽게 '나는 독서에 흥미가 없는 사람'이라는 딱지를 붙여버리곤 하는데, 이는 잘못된 생각이다. 책이 재미없는 이유는 자신에게 맞는 책을 못 골랐을 뿐이다. 자신에게 맞는 책을 찾기 위해서는 먼저 다양한 책들을 만나봐야 한다. 완독해야 한다는 부담을 버리고 최대한 많은 책을 기웃거려야 한다. 이런 과정을 거쳐 자신의 소중한 시간과 노력을 기울일 가치가 있는 책을 선별해야 한다. 다음은 독일의 지식 경영인인 롤프 도벨리의 말이다.

"우리는 너무 선별하지 않고, 또 너무 대충 읽는다. 주의력을 뛰어다니는 강아지라고 한다면, 우리는 독서를 할 때 강아지가 맛난 먹이를 먹는 훈련을 하게 하지 않고, 그냥 아무렇게나 배회하게 놔둔다. 그렇게 우리의 가장 소중한 자원을 가치 없는 것에 쏟아 버리는 것이다. 나는 굉장히 까다롭게 책을 고르게 되었다. 어떤 책은 손에 들고 10분 정도를 할애해서 살피고는, 판결을 내린다. 읽을 것이냐, 읽지 않을 것이냐."

한 권의 책을 읽는 것은 한 사람의 작가를 만나는 일이다. 그리고 그 사람의 생각을 내 마음에 들이는 일이며, 그로 인해 삶이 달라질 수도 있는 일이다. 따라서 두루 다양한 책들을 살펴볼 필요가 있다. 자신의 그 어떤 특별한 문제라도 그와 관련된 사려 깊은 생각을 서술한 책이 반드시 존재한다. 단지 잘 찾지 못했을 뿐이다.

한 달에 고작 두세 권밖에 책을 읽지 못한다면 리더로 성장하기는커녕 변화에 뒤처져 낙오되는 것도 각오해야 한다. 세계적으로 널리 알려진 최고 경영자나 입지전적인 사업가, 탁월한 행정 관료, 노련한 정치가는 거의 예외 없이 책을 좋아하고 많이 읽는다. 대표적으로 마이크로소프트사의 회장 빌 게이츠는 웬만한 사람이 엄두도 내기 힘들 정도로 방대한 양의 책을 읽는 것으로 유명하다. 그러한 영향에선지 마이크로소프트사의 어느 임원은 클라우제비츠(Clausewitz, 프로이센군의 근대화와 제도 확립에 공헌한 19세기 프로이센의 군인 및 군사 이론가 옮긴이)의 《전쟁론》을 통해 기업 경영의 전략을 짜는 데 필요한 아이디어를 얻는다고 한다.

《책, 열 권을 동시에 읽어라》 중에서, 나루케 마코토

생활기록부 '독서활동란' 기재 전략

입학사정관 취향 저격

가장 발전한 문명사회에서도 책은 최고의 기쁨을 준다.
독서의 기쁨을 아는 자는 재난에 맞설 방편을 얻은 것이다.
―랄프 왈도 에머슨

생활기록부는 공문서이다. 학교에서 권한을 부여받은 담당 교사만 기재할 수 있다. 그 속에는 다양한 기재 항목이 있는데, 그중에서 '독서활동란'이라는 항목이 있다. 이 항목에는 학생이 학기별로 읽은 책을 기재하는 것인데, 단순하게 책 제목과 저자 정도가 기록된다.

물론 생활기록부에서 성적과 교내 활동 참여 등이 더욱 중요한 비중으로 평가되겠지만, 이 독서 활동란에 기재되는 책 목록 또한 학생의 성향과 수준을 가늠하는 중요한 표지가 된다. 또한 이 도서 목록을 근거로 고3 입시 때 자기소개서에 진로 목표와 관련지어 이야기를 이끌어낼 수도 있고, 수시 면접에서 활용되기도 한다.

대입을 앞둔 학생들은 사실 여유 있게 책을 읽을 시간조차 내기 힘들다. 그렇지만 독서활동을 기록해야 하기 때문에 시간을 쪼개서 책을 읽을 수밖에 없는데, 이렇게 귀한 시간을 내서 읽는 책이기 때문에 책 선정에 보다 신중해야 한다. 따라서 아무 책이나 읽고 기록해서는 안 된다.

학생들 중에는 쉽고 가볍게 읽히는 통속 소설, 혹은 시중에 가볍게 읽히는 베스트셀러 등을 읽고 생활기록부 독서 활동란을 구성하기도 한다. 이런 책들이 나쁘기 때문에 읽어서는 안 된다는 것이 아니라, 생기부에 기록될만한 의미 있는 책은 될 수 없다는 점에서 크게 추천하지 않는다. 물론 가벼운 연애소설 한 편을 읽고도 깊은 의미와 가치를 스스로 부여할 수 있지만, 결국 생기부에 기록되는 것은 책 제목과 저자뿐이다. 따라서 그 책이 얼마나 가치 있는 책인지를 드러내는 가장 좋은 방법은 그것을 평가하는 사람이 알 만한 책을 읽고 기록하는 것이다.

그러므로 전략적으로 책 목록을 구성해야 한다. 희망 전공분야에서 유명한 책이라든지, 오랜 시간 동안 많은 사람들이 읽어서 '고전'으로 불리는 명작들을 읽는 것이 좋다. 또 고3이 되어서 자기소개서라든지, 면접과 관련되어 활용해야 할 것을 예상하고 책을 선택하는 것이 좋다. 그래서 자신에게 '의미 있는 책'을 최소 한두 권은 만들어 놓아야 한다. 희망 진로와 관련하여 감동적으로 읽은 책 한 권도 없이 자신의 미래를 선택했다는 것은 경솔하게 보이기까지 한다.

어떤 학생들을 자신의 희망 전공 관련 서적들만 찾아서 열심히 읽고 책 목록을 구성하는 경우도 있다. 이는 전공분야에 대한 강한 열정 있다는 것으로 해석될 수 있다.

그러나 그보다는 자신의 희망 전공 영역 이외의 다양한 영역에도 관심을 기울일 줄 아는 학생이 더 좋다. 다방면에 지적 호기심을 가질 줄 아는 유연성과 통합적 사고력을 가진 학생이 더 좋다는 의미다.

모 명문 대학의 입학사정관의 말에 의하면 대학에서는 학생들의 도서 목록의 다양성을 중시한다고 한다. 예를 들어, 수학과를 지망하는 학생이라도 수학, 과학, 사회, 문학, 예술, 철학 등 다방면에 지적 호기심을 가지고 여러 분야의 책을 탐독하는 학생이 베스트라는 것이다. 전공 관련 서적 비중은 절반 정도로 구성하고 나머지는 다양한 분야의 책을 고르게 읽어서 구성하는 것이 좋다.

전공 지식적인 측면에 대한 이해는 어쩌면 컴퓨터나 인공지능이 나을지도 모른다. 그러나 사회가 나아가야 할 올바른 방향과 비전은 결국 인간이 제시할 수밖에 없다. 그러기 위해서는 다방면의 독서가 필요하다. 그리고 이를 바탕으로 통합적으로 사고할 수 있는 융합형 인재가 되어야 한다. 그 사람이 무엇을 읽고 있는지를 알면, 그 사람을 알 수 있다. 신중한 책 선택이 필요한 이유이다.

공부를 잘해서 걱정이 없는 걸까, 걱정이 없어서 공부를 잘하는 걸까?

걱정하지 않고 공부하는 법

그렇게 구경만 하다간 네 인생이 너 없이 흘러가게 되는 걸 구경하게 될 걸.
—〈노틀담의 곱추〉中

흔히 수능을 앞둔 고3은 굉장한 스트레스를 받을 것이라 생각한다. 실제로 살펴 보면, 의외로 고3이 되어서 스트레스를 덜 받는 학생들이 보이기도 한다. 고3이 되면 이미 현실적으로 자신의 한계를 받아들이고 그에 따르는 좌절감, 패배감을 수용하기 때문이다. 더 이상 성적 향상을 기대할 수 있는 물리적 시간이 적고, 자신의 위치를 냉정하게 확인할 수 있는 자료(성적)들이 계속 제공됨에 따라서 결과를 현실적으로 받아들이는 학생들이 많기 때문이다.

불안과 걱정은 오히려 성적에 대한 기대와 요구가 많은 고2에 극에 달한다. 물론 고3이 되어 갑자기 역전하는 학생들도 종종 있지만 대체로 자신이 갈 수 있는 대학의 수준은 이미 고2에 어느 정도 마무

리된다. 대체로 고3에 결정지을 수 있는 것은 대학의 수준이 아니라 학과 선택 정도이지, 현실적으로 모든 성취의 수준은 이미 고2에 정해진다고 봐야 한다.

우리는 하루에 수십 번도 더 다양한 걱정을 한다. 다음 날 지각하면 어쩌나 하는 걱정 때문에 알람을 여러 개 설정해 두고, 수학 성적이 떨어지면 어쩌나 하는 걱정 때문에 늦은 밤 졸음을 참으며 문제를 푼다. 목표하는 대학을 못 가면 어쩌나 하는 걱정 때문에 어쩌면 지금 이 책을 펼쳐 들고 있는지도 모른다.

스트레스는 불안과 걱정에서 만들어진다. 걱정 없이 어떻게 열심히 공부할 수 있느냐고 생각할 수도 있다. 성적이 떨어질까 하는 걱정 때문에 공부를 열심히 하는 것이 가능하지 않겠느냐고 할 수 있다. 그러나 걱정이 되어서 공부를 하는 것이라면, 그러한 학업에 대한 열의는 오래가지 못한다. 걱정은 불안을 낳고, 불안한 심리 상태에서는 최상의 결과가 나오기 어렵기 때문이다. 시험을 앞두고 공부를 할 때, 불안은 가장 큰 장애물이다. '이렇게 공부를 했는데 시험 결과가 나쁘면 어쩌지? 점수는 몇 점이 나올까? 지난 중간고사보다 성적이 떨어지면 어쩌지? 시험 칠 때 긴장하면 어쩌지?' 등등. 사실 시험 공부는 하루 종일 못해도, 시험 걱정은 하루 종일 해도 질리지 않을 것이다. 걱정은 걱정을 낳고 불안은 불안을 더 크게 불러들인다.

우리가 종종 착각하는 것 중에 하나가, 걱정이라는 것이 이성적이고 합리적인 사고이며, 발생 가능성이 있는 일에 대한 논리적인 예상이라는 인식이다. 과연 그럴까?

우리는 얼마나 많은 '일어나지도 않을 일을 염려하느라' 감정을 소진하고 에너지를 뺏기는지 모른다. 그런 생각만으로도 힘이 빠지고, 두려움이 생긴다. "유일하게 우리가 두려워해야 할 것은 두려움, 그 자체다"라는 루즈벨트의 격언처럼 걱정은 불안과 두려움 심지어 공포를 불러일으킨다. 우리가 정말 걱정해야 할 것은, 걱정만 하고 있는 자신의 모습이다.

우리를 예상되는 어려움으로부터 보호해 주는 것은 걱정이 아니다. 우리의 행동이자 실천이다. 우리가 어찌할 수 없는 것들을 염려하고 있다면, 이것은 더 이상 우리를 보호해 주는 생각이 아니다. 우리를 공격하는 생각이 된다. 앞서 밝혔듯이 우리를 지켜주는 것은 우리가 직접 행하는 행동과 실천이지, 걱정이 아니다.

필자가 만난 공잘친들은 대부분 긍정적이고 밝은 태도를 지녔다. 긍정적일 수 있다는 것은 걱정이나 불안이 적다는 뜻이다. 1등이기 때문에 걱정이 적은 것일까? 아니면 걱정이 적기 때문에 1등을 하는 것일까?

부정적인 감정이 줄어들면 공부에 쏟을 수 있는 에너지는 늘어난다. 걱정이나 불안은 에너지를 엄청나게 갉아 먹는다. 이 상태에서 공부한다면 공부가 잘될 수 있을까? 즉, 걱정이나 불안을 잘 컨트롤할 수 있기 때문에 공부를 잘 하는 것이다. (공부를 잘하니까 걱정이 없다는 전제는 성립될 수 없다. 2등을 한 학생은 1등을 못해서 걱정되고 불안해하는 경우도 생각해 볼 수 있다.) 공부를 잘하고 싶다면 걱정을 제거해야 한다. 어떻게 해야 할까?

첫 번째, 결과에 대한 생각을 무조건 뒤로 미룬다.

시험 점수, 결과, 합격 여부 등 결과와 관련된 모든 생각들은 전부 미루고 시험을 치고 난 뒤에 실컷 생각하고 걱정한다. 공부를 하다가도 결과에 대한 걱정이 들면 이를 억누르려고 하지말고, 시험 이후로 미루자고 생각해 버리는 것이다. '결과를 생각하지 말자!'라고 하면 그것이 오히려 더 큰 집착이나 스트레스가 되기 때문이다. 자신에게 부담이 안 되도록 '시험을 치고 나서 생각해 보자'고 뒤로 미루는 것이다. 이것은 비겁한 방법이 아니다. 결과에 대한 걱정을 아예 하지 말라는 것이 아니다. 시험 이후로 미루는 것으로 자신과 타협하는 것이다. 시험을 준비하면서 결과를 생각하는 일은 손톱만큼도 시험 결과에 도움이 되지 않는다.

사실 공잘친들은 실용적이다. 필요한 것과 불필요한 것, 득과 실에 대한 인식이 분명하다. 자신의 감정에 대해서도 주어진 대로 느끼는 것이 아니라 선별적으로 골라 가진다. 득이 되는 감정과 생각을 구분해서 선택한다. 득이 되지 않는 소모적인 생각과 감정은 빠르게 정리해야 한다.

두 번째, 더 깊이, 더 크게, 더 멀리 걱정해 본다.

즉, 최악의 상황을 미리 예상하고 받아들이는 것이다. 즉, 학생들이 성적을 걱정하는 것은 사실 실패할 결과를 미리 예상하고 미리 두려움을 느끼는 것이다. 만약 불안해서 '성적이 떨어지면 어쩌지?'하는 생각이 든다면 거기서 끝나지 말고 아예 더 크게, 더 깊이 걱정해 보는 것이다. '만약 시험 성적이 떨어진다면 나는 어떤 기분일까? 만약 내가 최악의 성적을 얻는다면 어떤 기분일까? 부모님은 뭐라고 하실까? 친구들은 어떻게 나를 바라볼까?'를 생각해 보고 느껴 보는 것이다.

그러나 정말 중요한 것은 그 뒤에 오는 생각이다. '나는 아마 엄청난 좌절감을 느끼겠지. 그렇다면 그 이후에 어떻게 해야 할까? 스스로에게 어떤 위로를 해야 할까? 다음 시험을 위해서는 지금 내가 어떤 생각을 하는 것이 가장 효과적일까?' 반드시 여기까지 생각을 해야 한다. 바닥까지 내려간 상황을 상상만 하는 것은 의미가 없다. 바닥을 쳤다는 것을 가정하고 바닥을 치고 올라가는 과정까지 상상해야 한다. 실패를 가정하고 최악의 상황을 받아들일 마음의 준비가 되어 있으면 두려울 것이 없다. 즉, 강해질 수 있는 것이다.

세 번째, 결과가 아닌 과정의 충실함만을 생각한다.

사실 시험성적이나 시험에서 합격 불합격의 여부와 같은 결과는 꼭 노력에 비례하지 않는다. 결과가 노력에 정확히 비례해서 나온다면 얼마나 좋을까. 그러나 시험 당일 예상치 못한 문제가 생길 수도 있고, 또는 그 반대로 운이 좋아서 노력한 것보다는 결과가 좋은 경우도 있다. 항상 결과는 내 예상과 달라질 수 있음을 받아들여야 한다. 세상에 '무조건', '반드시'란 것은 없다. '무조건', '반드시'라는 수식이 붙는 순간 별것 아닌 일도 엄청난 부담이 생겨버린다. 반드시 해야 할 것을 못 할 수도 있고, 무조건 있어야 할 것이 없을 수도 있다. 예외를 인정하지 않는 순간, 스스로에게 가혹해진다.

즉, 결과에 대해 생각이 많아지면 과정에 충실할 수 없게 된다. 이는 아이러니하게도 부정적 결과를 초래한다. 예외를 인정하고 결과에 대한 걱정은 시험이 끝나고 해도 충분하다. 시험이 끝나고 나서 붙을까? 떨어질까? 결과가 좋을까? 나쁠까? 몇날 며칠을 생각해도 시간은 충분하다. 그저 최선을 다하는 것에 목표를 두어야 한다.

세계적인 골프선수 타이거 우즈는 우승하지 못하고 최종 10위 안에 이름을 올린 경기에서 이렇게 이야기했다. "나는 이번 주에 수건을 꽉 쥐어짜듯이 최선을 다했습니다. 그렇게 해서 얻은 결과가 참 자랑스러워요." 3위로 브리티시 오픈을 마감했을 때도 이렇게 말했다. "여건이 완벽하지 않을 때나 스윙이 별로 마음에 들지 않을 때는, 상당한 점수를 기록했다는 점만으로도 더 만족스러울 때가 있습니다." 타이거는 거대한 야심을 지닌 사람이다. 그는 역사상 최고의 자리에 오르기를 원했다. "하지만 최선을 다하는 것. 그것이 좀 더 중요한 일입니다."

'최선을 다한다'라는 것은 어떤 의미일까? 어느 정도를 말하는 것일까? '친구는 밤 11시까지 공부했는데 나는 12시까지 공부했다'와 같은 것이 최선을 다한 것일까? 정말 최선을 다했는지의 기준은 자기 자신이 되어야 한다. 누가 어떻게 칭찬을 하든 비난을 하든 자기 자신은 알고 있다. 더 열심히 할 수 있었음에도 적당히 타협했는지, 아니면 정말로 최선을 다했는지는 자신만이 알고 있을 것이다. 이런 의미에서 최선을 다한다는 것은 일종의 자기 한계를 시험하는 것일 수도 있다. 자신이 무엇인가를 얼마나 열심히 할 수 있는지 그 한계를 갱신하는 과정일 수도 있다.

그렇게 최선을 다하고도 결과가 안 좋다면 무슨 의미가 있냐고 할 수 있다. 그러나 진정 최선을 다한 사람은 결코 결과를 두고 후회하지 않는다. 최선을 다했기 때문에 그 결과에 대해서도 깨끗하게 받아들일 수 있다. 문제는 최선을 다하지 못한 경우다. 최선을 다하지 못했기 때문에, 그런 자신을 자책하거나 주변 또는 환경을 탓하게 된다.

최선을 다했음에도 결과가 실패로 돌아갔다면 무엇이 남을까? 헛수고로 끝나는 것일까? 최선을 다한다는 그 과정 속에서 다른 그 무엇으로도 얻을 수 없는 '최선을 다하는 방법'을 배우게 된 것이다. 헛수고로 끝나는 것이 아니다. 비록 이번 시험, 도전에는 실패했다 하더라도 인생을 성공으로 이끄는 '최선을 다해 노력하는 법'을 배우게 된다.

공부나 시험 합격만이 우리의 삶을 성공으로 이끄는 것은 아니다. 우리 삶의 성공은 결과가 아닌 과정 속에 있다. 목표를 향해 하루하루를 100%로 채우며 사는 것. 이것이야말로 성공한 삶이다. 진정 최선을 다하는 것이 무엇인지, 하루를 100%로 사는 것이 어떤 의미인지 깨닫게 된다면 그 어떠한 상황에 놓이더라도 그 사람은 성공하는 삶을 살 수 있을 것이다.

우리나라 사람이라면 모두가 아는 유명 가수를 두고, 그를 성공시킨 프로듀서가 이런 말을 했다. "그는 아마 빵집을 했더라도 성공했을 것이고, 세탁소를 했더라도 성공했을 것입니다. 아마 무엇을 했든 성공했을 겁니다." 이런 경우는 많다. 성공한 삶을 사는 사람들은 과연 그 일을 통해서만 성공했을까? 어떤 어려움이라도 극복하고 원하는 것을 이루어 낼 자세가 되어 있다면 어느 분야에서도 성공할 수 있다.

'최선을 다했다'는 것은 무엇을 하든 성공할 수 있는 삶의 자세를 배워나가는 것이다. 자신의 소중한 꿈을 위해서 노력하는 일종의 자기 삶과 꿈에 대한 예의이다. 이를 제대로 배웠다면 설령 결과가 실패로 끝났다고 하더라도 결코 진정한 실패는 아니다.

걱정이란 주어진 현실이 힘드니까 '어쩔 수 없이 드는 생각'이 아니다. 취할 수도 있고 버릴 수도 있는 하나의 선택지이다. 우리를 보다 나은 모습으로 발전시킬 수 있는 것은 걱정과 염려가 아니다. 의지, 행동, 실천만이 꿈으로 한 걸음 더 다가가게 해 줄 수 있다. 걱정을 끊임없이 계속하고 있다면 무의식 중에 실천과 변화를 거부하는 자신의 마음이 만들어내는 핑곗거리일 수 있다. 핑계 속으로 숨지 말고 과감하게 변화를 위해 행동으로 바꾸어 보자. 걱정은 사라질 것이다.

성적이 오른 것은 칭찬?
떨어진 것은 비난 받을 일?
칭찬에 춤추는 고래는 바다로 나가지 못 한다

칭찬 받는 데 욕심을 내는 자들은 장점이 많지 않은 사람들이다.
—플루타크

필자가 학창 시절에 성적표를 들고 가면 아버지는 항상 "네가 그렇게 열심히 했는데, 그럼 된 거지. 네가 최선을 다한 것을 안다. 열심히 공부했으니 그걸로 됐다"라고 하셨다. 성적이 올라서 칭찬을 받은 적도, 성적이 떨어져서 야단을 맞은 적도 없었다. "네가 최선을 다했으니, 그것으로 족하다"라는 말씀이 전부였다. 어떤 때는 그 말이 서운한 적도 있었다. 성적이 잘 나와서 스스로는 만족스러웠는데, 잘했다는 말씀보다 열심히 했으니 그걸로 됐다고 하시는 아버지가 그때는 참 이상했다.

우리는 종종 칭찬의 의미를 과대평가한다. 잘못된 칭찬과 비난은 결과에 대한 평가와 함께 내려진다. 결과가 중요할 뿐, 그 과정과 동기는 외면하게 만든다. 아버지는 그것을 알고 계셨던 것일까? 사실 아버지가 하셨던 그 말씀을 내내 기억하고 있었다. 그 말이 왜 내게 위로로 다가왔을까? 그것은, 아버지가 나를 사랑하는 것은 나의 성적과는 무관하다는 것을 어렴풋이 느꼈기 때문일 것이다. 성적이 어떻든 변함없이 나를 사랑하고, 나를 가치있는 존재로 인정해 주시기에 성적에 대한 칭찬도 비난도 사실은 아무 의미가 없던 것이다. 하지만 안타깝게도 많은 학생들이 성적과 관련하여 부모님의 반응에 눈치를 본다. 과연 성적이 떨어지면 비난받을 일일까? 반대로 성적이 오르면 칭찬받을 일일까?

지금은 체벌이 거의 없어졌지만 예전에 필자가 학창 시절일 때에는 성적이 떨어진 학생들을 체벌하는 경우도 있었다. 딱 한 번 중학교 때, 학교도 아닌 학원에서 수학 문제를 못 푼다고 손바닥을 회초리로 몇 대 맞은 적이 있었다. 손바닥이 너무 아파서 눈물이 날 정도였다. 처음으로 공부 때문에 맞아 본 일이었다. 그 순간 스스로가 너무나 작아지는 느낌을 받았다. 너무 바보 같고 하찮게 느껴졌다. 처음 느낀 기분이었다.

부족한 공부를 좀 더 배우기 위해서 시간과 돈을 들여서 온 학원이었다. 학교에서도 집에서도 공부 못했다고를 맞은 적이 없는데, 학원에 와서 문제를 못풀었다고 맞는 것은 뭔가 이상했다. 결정적으로 맞을 일을 한 적이 없었다. 소란스럽게 떠들고 노느라고 문제를 안 푼 것이 아니라 열심히 풀었는데 몰라서 틀렸다. 그걸 회초리로 맞는다고 갑자기 알아지는 것은 아니지 않은가. 물론 집중 못하는 학생의 경우, 정신 번쩍 들게 한 대 맞고 나면 좀 더 열심히 할 것이라 생각하고 때리셨다는 것을 안다. 그러나 나의 경우는 아니었다. 대부분의 학생들도 아닐 것이다. 원래 좋아하지도 않았지만, 수학을 생각하면, 더 두렵고 긴장되었다. '이건 뭔가 아니다'라는 생각에 금방 학원을 그만두었다.

교단에 서서 아이들을 칭찬할 때도 항상 조심스럽다. 칭찬을 할 때에도 다른 학생들이 느끼기에 차별이라는 느낌을 받지 않도록 정당한 이유를 가지고 칭찬해야 한다.

칭찬할 때에는 그 학생의 재능보다는 노력을 칭찬해야 한다. 타고난 재능, 능력에 대한 칭찬은 바람직하지 않다. 노력에 대한 칭찬이 아니라 타고난 재능에 대한 칭찬은 더 이상 노력하지 않는 태도를 학습하게 만든다. 이런 칭찬을 받은 학생들은 발전과 성장을 멈추고 자신의 완벽함만을 증명할 수 있는 과제만 수행한다. 이런 학생은 도전을 두려워하고 똑똑하다는 소리를 듣지 못할까봐 걱정하게 된다.

스탠퍼드 대학교 심리학과의 세계적인 석학교수인 캐롤 드웩은 수천 명의 사람들을 미취학 아동 때부터 연구하고 지켜보았다고 한다. 그 결과 능력과 재능에 대한 칭찬을 받고 자란 너무나 많은 이들이 배울 수 있는 기회를 거부하는 모습을 보고 놀라지 않을 수 없었다고 말하고 있다.

유명한 정치학자 벤저민 바버는 "세상은 강자와 약자, 또는 승자와 패자로 구분되지 않는다. 다만 배우려는 자와 배우지 않으려는 자로 나뉠 뿐이다"라고 했다. 성공하지 못할까 봐 도전을 거부하고 배우는 일에 두려움을 느끼게 되는 것이야말로 약자이자 패자이다.

과정이 생략된 채 결과에 대해서만 칭찬받게 되면 과정의 충실함이 중요하지 않다고 여기게 된다. 노력이 아니라 재능에 대해서만 칭찬받게 되면 노력과 성장을 거부하게 된다. 주변의 칭찬에 동기화될 수 있는 사람이 아니라 스스로의 성장에 기쁨을 느낄 줄 아는 사람이 되어야 한다. '다른 사람들은 성공한 자신을 어떻게 바라볼까?'가 중요한 것이 아닌 '나는 보다 나은 내가 되었나?(Beyond Yourself)'가 중요하다.

인정은 애타게 구할수록 멀어진다. 가장 많은 인정을 받는 듯한 사람들은 인정을 구하려는 노력을 전혀 기울이지 않는다. 애초에 인정을 구하고자 하는 바람이 전혀 없고 인정을 구하는 데에 집착하지 않는 사람들이다. 얄궂게도 인정을 받고 싶을 때 가장 효과적인 방법은 인정을 원하지 않고 그 뒤를 좇지 않으며 모두 사람에게서 인정을 구하지 않는 것이다. 나 자신과 대화하고 긍정적인 자아상에 자문을 구하면 더 많은 칭찬이 제 발로 찾아올 것이다.

타인의 칭찬과 비난은 중요하지 않다. 타인의 평가와 시선에 얽매이는 삶은 스스로를 구속하는 것이나 마찬가지다. 교단에 있다 보면 교사의 사소한 칭찬에 아이들의 희비가 엇갈리는 모습을 보게 된다. 그러나 공잘친들은 대체로 크게 동요하지 않는다. 이미 내적으로 단단한 멘탈을 가진 학생들은 타인의 칭찬 때문에 크게 고무되지도, 타인의 비판 때문에 크게 좌절하지도 않는다. 이것은 사실 가장 바람직한 자세다.

자신을 기쁘게 하는 것도, 자신에게 실망하는 것도, 타인이 나를 어떻게 바라보느냐가 기준이 되어서는 안 된다. 자신의 만족감과 내적 성장이 기준이 되어야 한다는 것을 공잘친은 알고 있다. 주변 친구들의 시선 때문에 자신과의 약속을 저버리는 것, 주변 사람들의 시선 때문에 진정 자신이 원하는 것을 쉽게 포기하는 것, 부모님께 실망시켜드리기 싫어서 하기 싫은 일을 억지로 하는 것……. 이런 식의 태도로 살아간다면 나를 조금씩 잃어가게 될 것이다. 그러다 보면 진정 자신이 원하는 것은 아무것도 남아 있지 않게 된다.

타인의 부러움, 타인의 칭찬, 타인의 호감, 타인의 만족, 타인의 감사보다 더 중요한 것은 스스로의 만족감이다. 타인의 의미 없는 칭찬과 인정에 목매는 길 잃은 사람이 되고 싶지 않다면 내면의 목소리에 귀 기울일 줄 아는 능력이 필요하다.

에덤 게틀(Adam Guettel)은 뮤지컬계의 황태자이자 구세주로 평가받아 왔습니다. 그는 《오클라호마!》와 《회전목마》 등의 고전 뮤지컬 음악을 작곡한 리저드 로저스(Richad Rodgers)의 손자이지요. 게틀의 어머니는 아들의 천재성에 대해 드러내 놓고 칭찬했고, 다른 사람들도 마찬가지였죠.

"진짜 천재가 출현했다!"고 열광하는 리뷰가 〈뉴욕타임스〉에 실릴 정도였습니다.

문제는 '이런 식의 칭찬이 과연 사람들을 독려하는가?'입니다. 이런 종류의 질문을 묻고 답을 찾기 위해서 연구가 존재하지요. 그래서 우리는 대부분 막 청년기에 접어든 수백 명의 학생들을 대상으로 연구를 시작했습니다. 연구진은 먼저 각 학생들에게 비언어 IQ테스트 중 상당히 어려운 10개의 문제를 풀게 했습니다. 학생들은 대부분 잘 풀었고, 우리는 다 푼 학생들을 칭찬했지요. 일부 학생들은 능력을 칭찬했습니다. "와, 8문제나 맞혔구나. 정말 잘했어. 너는 참 똑똑하구나." 말하자면 애덤 게틀처럼 '내겐 재능이 있다'고 느끼게 한 것이죠. 다른 학생들에게는 노력을 칭찬해 주었습니다. "와, 8문제나 맞혔구나. 정말 잘했어. 정말 열심히 공부했나 보구나."이 학생들은 자신에게 특별한 재능이 있다고 느끼지 않았을 겁니다. 성공하기 위한 노력에 대해 칭찬받았기 때문이죠.

시작할 때 양쪽 그룹이 똑같았지만 칭찬을 받은 이후에는 차이가 나기 시작했지요. 우리가 우려하던 대로, 능력에 대한 칭찬은 학생들을 고정 마인드 셋으로 몰아 붙였고, 학생들에게서 그런 징후들을 발견할 수 있었습니다. 더 어려운 문제를 제시했을 때, 추가로 배울 수 있는 새로운 도전을 거부한 것입니다. 자신의 결점을 드러내거나 재능을 의심받을 일은 아예 하지 않으려 했지요.

《스탠퍼드 인간성장 프로젝트 마인드 셋(Mind Set)》중에서, 캐럴 드웩

외향적 성격과 내향적 성격, 누가 더 공부를 잘할까?

성공을 불러일으키는 '콰이어트 파워(quiet power)'

> 위대한 영혼은 묵묵히 고민한다.
> —F. 쉴러

소극적인 성격의 학생과 적극적인 성격의 학생 중에서 누가 더 학교 생활을 하는 데 유리할까? 밝고 활발하고 적극적인 성격을 갖춘 학생들은 내성적인 학생들에 비해 많은 부분에 있어 유리하고, 높이 평가받는 것이 사실이다. 학교에서는 흔히 다소 외향적인 성격의 학생이 긍정적으로 인식되는 경향이 있다. 발표나 과제 참여 등에서도 적극적인 모습을 보이기 때문에 겉으로 볼 때 더 뛰어나 보이는 경우가 많다.

외향적인 성격의 학생들은 수업에서도 반응이 즉각적이고 피드백이 확실하기 때문에 교사 입장에서는 편할 수도 있다. 그러나 이것은 교사의 입장일 뿐이다. 수업에 적극적으로 참여한다고 해서 반드시 더 높은 성취를 보이는 것은 아니기 때문이다.

대신, 우리는 종종 조용한 성격을 가진 이들이 놀라운 일을 해내는 것을 볼 수 있다. 열정적이고 적극적인 성격, 스펙타클한 인생, 도전과 역경에 역동적으로 맞서는 삶이 멋진 삶이라고 많은 사람들이 착각한다. 과연 그럴까? 노벨상을 수상한 수학자 버트런드 러셀은 다음과 같이 말했다. "위대한 사람들의 삶을 보라. 몇몇 위대한 순간들만 제외하면 고요하기 그지 없었다. 소크라테스는 때때로 친구들과 향연을 갖기는 했지만, 대부분의 시간은 아내 크산티페와 조용히 보냈다. 오후에는 소화시키려 산책했고, 이런 저런 친구도 만났다. 칸트는 쾨니히스베르크에서 10마일 이상 벗어난 적이 없었다. 다윈은 세계 일주에서 돌아온 뒤에는 죽을 때까지 조용히 집에 머물렀다."

《콰이어트 파워(quiet power)》를 쓴 수잔 케인은 내향형의 성격을 가진 학생들에 대한 평가를 달리 해야 된다고 말하고 있다. "학교에서는 외향형 성격이 더 좋은 태도라고 인식한다. 아이의 어떤 행동을 수업에 적극적으로 참가한 것으로 볼 것인지에 대한 우리의 생각을 확장할 필요가 있다. 손 드는 것뿐 아니라 배운 내용에 아이가 실제로 얼마나 자신을 결부시키는지를 측정하는 다양한 방법을 개발해야 한다.

우리는 외향형이 성공하기 쉬운 문화에서 살고 있다. MS의 빌게이츠나 구글의 래리 페이지를 포함해 실리콘 밸리의 상당수 CEO가 내향형이다. 사람들이 흔히 얘기하는 성공 요인이 과연 맞는 건지 생각해 볼 필요가 있을 정도다.

그들은 내향적임에도 불구하고 성공한 게 아니라 내향적이어서 성공한 것이다. 내향형과 외향형의 차이는 생물학적 차이다. 두뇌의 신경 시스템이 다르다는 뜻이다. 외부 자극에 더 민감한 내향형은 한꺼번에 많은 일이 벌어지면 과하다고 느끼고 압도당한다. 반면 외향형은 시끄럽거나 붐비는 환경을 편안하다고 느낀다.

빌게이츠는 자신은 문제를 맞닥뜨리면 차분하고 깊이 있게 해법을 생각하거나 문제 해결에 필요한 책들을 빠짐없이 읽는다고 했다. 그런 내향적 능력 때문에 성공했다는 것이다. 내향적인 학생은 마음속에서 평정(equilibrium)을 느낄 때 최상의 결과를 낸다. 신경 시스템이 그렇게 돼 있다. 그러려면 조용한 휴식 시간을 갖는 수밖에 없다. 매시간 5분씩 걷는다거나 요가를 한다거나, 그런 걸 하는 시간에 공부를 안 한다는 죄책감을 느끼지 말고, 자신의 성공을 촉진시키기 위해서라고 생각해야 한다.”

이와 같이 최근 내향형의 성격을 가진 사람들에 대한 인식과 평가가 달라지고 있다. 자신의 본래 성격에 대해 사회나 학교가 요구하는 이상적인 성격 모델에 부합하지 않는다고 해서 억지로 내향성을 부정하고 외향적인 태도로 바꾸려고 노력하지 않아도 된다. 그 반대로 지나치게 외향적이라고 해서 내향적인 성향을 가져보고자 노력할 필요가 없다는 것이다. 조용히 혼자 있는 시간을 즐기는 사람이 있고 여러 사람들과 어울리며 에너지를 얻는 사람도 있다. 자신의 있는 모습 그대로를 편하게 받아들이고, 특정 기준을 내세워 자신의 본래 모습을 부정하지 않았으면 하는 바람이다.

다음은 《콰이어트 파워(quiet power)》의 작가 수잔 케인이 제시하는 내향형, 외향형 성격 측정표이다. 참고하여 자신의 성향을 알아보자.

수전 케인의 내향형―외향형 측정표

- 생각을 글로 표현하는 편이 좋다.
- 혼자 있는 시간을 즐긴다.
- 잡담보다는 깊이 있는 대화를 좋아한다.
- 친구들이 얘기를 잘 들어준다고 한다.
- 흡족한 수준이 되기 전에는 하고 있는 일을 사람들에게 보여주기 싫다.
- 무슨 일을 할 때에는 혼자 해야 제일 잘한다.
- 내 방에서 보내는 시간이 많다.
- 그다지 위험 감수형은 아니다.
- 말을 할 때는 먼저 생각을 하고 말하는 편이다.
- 질문에 대답하기보다는 질문이 더 좋다.
- 사람들로부터 말투가 조용조용하다거나 수줍음이 많아 보인다는 말을 자주 듣는다.

※ 공인 테스트가 아닌 비공식 문답. 체크가 많을수록 내향형, 적을수록 외향형, 엇비슷하면 양향 성격자(ambivert)이다.

외향형과 내향형은 에너지를 축적하는 방식부터가 다르다. 외향형은 많은 사람들과 교류하면서, 또는 새로운 환경의 변화에 의해 에너지를 얻는다. 내향형에게는 아무리 친한 사람과의 만남이라도 에너지가 소진되는 일이다. 그들이 에너지를 얻는 방식은 혼자 있는 시간이다. 혼자 있는 시간과 공간이 확보되지 못하면 아무리 멋진 곳에서 좋은 사람들과 함께 있다 하더라도 내적으로는 편치 못할 것이다. 학교, 또는 사회가 보다 적극적인 행동과 자기 표현을 강요하는 것도 사실이다. 그러나 조용히 침묵한다고 해서 적극적으로 참여하지 않는 것은 아니라는 사실을 알아야 한다. 그리고 그러한 개성, 남다른 특별함에 대해 당당해져야 할 필요가 있다.

필자가 만난 공잘친들 중에는 자신의 부족한 모습 그대로를 인정하는 용기를 가진 학생들이 많았다.

"선생님. 저는 공감 능력이 떨어지는 것 같아요. 어떤 영화를 보고 애들은 너무 슬프다고 하는데 저는 가끔 잘 모르겠거든요. 대신에 전 정확한 게 좋아요. 그래서 그런지 수학이 재밌고 과학이 좋아요."

"저는 좀 많이 내성적이에요. 부끄러움도 많이 타서 남들 앞에서 발표하는 게 저한텐 너무 힘들어요. 조별로 협동하는 과제도 전 솔직히 싫어요. 그냥 전 혼자하는 과제가 좋고 또 더 잘할 수 있어요. 뭐 사람마다 성격이 다르니까요."

성격에 있어서만큼은 평균도 없고 평범도 없다. 학교나 사회생활에 '보다 유리한 성격' 같은 것은 없다. 중요한 것은 자신의 성향을 이

해하고 인정하는 것이다. 자신이 어떤 상황에서 더 많은 성과를 내고
에너지를 이끌어 낼 수 있는지를 자각하는 것이 중요하다.

둔감력,
사소한 것에 신경 끌 줄 아는 능력
집중력의 최고 레벨

끈질긴 집중이야말로 위대한 성공의 기초다.
—아이작 뉴턴

우리는 하루에 대략 3만 5000개의 결정을 내리면 산다. '지금 일어날까? 아니면 5분만 더 잘까?'에서부터 시작된 결정은 잠들기 직전까지 이어진다. 우리는 어찌 보면 수많은 선택의 순간에서 내리는 결정들로 우리의 시간을 채워나간다고 볼 수 있다.

애플 사의 창업자 스티브 잡스는 이러한 점을 너무 잘 알고 있었다. 예를 들어 하루에 일어나는 수만 가지의 선택과 결정 중에는 '오늘 무슨 옷을 입을까?'도 꽤나 중요한 선택지로 아침을 차지한다. 잡스는 이러한 사소한 결정들에 휩쓸리다 보면 정말 중요한 의사 결정의 순간에 제대로 된 결정을 내리기가 힘들다고 생각했다. 그래서 직원들이 아침에 고민 없이 옷을 입고 출근할 수 있도록 유니폼을 만들었다. 그것이 그 유명한 잡스가 프리젠테이션할 때마다 입는 검은색 터틀넥이다.

집중력을 높이기 위해서는 위와 같이 일상에서 사소한 선택지를 아예 제거해 버림으로써 삶을 심플하게 만드는 방법이 중요하다. 중요한 일을 앞두고 사소한 것에 신경을 쓸 수도 없고, 쓰지도 않게 만드는 것이다.

언젠가 방송에서 수능 만점자들의 인터뷰를 본 적이 있다. 수능 만점에 대한 비법을 묻는 질문에, 한 학생은 집중력을 기르기 위해 교실을 벗어나 지하철 안이나 마트같은 사람들이 많이 있는 곳에서 일부러 모의고사 문제를 풀어보기도 했다고 한다. 우리는 사소한 소음에도 쉽게 주의가 흩어지고, 집중에 방해를 받기도 한다. 즉, 이 학생은 스스로를 보다 덜 예민하게 만드는 연습을 했던 것이다.

상황이 허락한다면 이러한 방해 요소들을 통제하면 된다. 그러나 때로는 통제 불가능한 방해 요인을 만나게 되기도 한다. 예를 들면 시험 중에 갑자기 밖에서 공사가 시작되어 시끄러운 기계 소리가 들린다던지, 자동차 경적이 계속 울린다던지 하는 경우가 있다. 또 옆에 앉아 있는 친구의 콧물을 훌쩍거리는 소리가 자꾸 신경이 쓰인다거나 앞에 앉아 있는 학생이 자꾸 다리를 떨고 있는 것이 눈에 거슬릴 수도 있다. 심지어 옆 사람이 시험지를 넘기는 소리, 연필을 긋는 소리까지도 신경 쓰일 때가 있다.

사실 이런 요소들은 통제가 불가능하다. 예상치 못한 부분에서 예민해지는 자기 자신이 원망스러울 수도 있다. 지나치게 상황에 예민하게 반응하는 것, 이것이야말로 스스로가 극복해야 할 부분들이다. 평소 자신이 어떤 부분에서 예민하고 날카로워지는지 잘 생각해 볼 필요가 있다. 이런 부분들을 무작정 운에 맡길 것이 아니라, 연습을 통해 덜 예민한 자신으로 만들어야 한다. 공잘친은 통제 불가능해 보이는 요소까지 통제 가능한 요소로 만들고 있다. 공잘친은 평소에 일부러 이러한 시끄러운 상황에 자신을 놓아두고 집중하는 연습을 한다. 소란스럽고 어수선한 상황을 단지 부정적으로만 생각하지 않고 자신의 집중력을 높일 수 있는 기회로 활용하는 것이다.

사실 시험에 대한 불안이 생기는 것도 통제 불가능한 요소에 대한 막연한 두려움 때문인 경우가 많다. 예상치 못한 시험 환경에 대한 자신의 예민한 반응을 스스로 두려워하고 있는 것이다. 아이러니하게도 시험을 볼 때 집중을 방해하는 외부적인 요인보다 그것에 민감하게 반응하는 '예민한 자신'이야말로 진정한 두려움의 대상이 된다. 어떤 상황이 되더라도 무던하게 평정심을 유지할 수 있는 사람이 되도록 노력하는 연습이 필요하다. 시험이라는 하나의 목표를 향해 모든 감각이 동원될 수 있도록 예민한 촉을 잠시 거두어들일 수 있어야 한다.

어떤 상황에 놓이더라도 자신의 눈앞에 있는 과제에만 집중할 수 있는 능력, 혼란스러운 상황 속에서도 마음의 평정심을 유지하는 것. 이것이야말로 실력이고 진정한 능력이 아닐 수 없다.

소설 《실락원》으로 우리나라에서도 꽤 알려진 와타나베 준이치라는 작가는 《둔감력(鈍感力)》이라는 이름으로 이러한 능력을 성공의 한 요소로 이야기하고 있다. 즉, 최고의 집중력은 사소한 것에 둔감할 수 있을 때 만들어진다.

결과는 OUT OF CONTROL, 모든 일에 '반드시'란 없다
멘탈의 최고 레벨

신은 우리가 성공할 것을 요구하지 않는다.
우리가 노력할 것을 요구할 뿐이다.
—마더 테레사

지금 공부가 즐겁다면 아주 이상적인 상태이다. 그것으로 충분하다. 그러나 공부를 즐기는 것, 하는 일을 즐기는 것이 쉽지만은 않다. 게임으로 치면 최고 레벨에 해당되는 경지다. 공부를 즐기기 위해서는 어떻게 해야 할까?

아이러니하게도 공부를 즐길 수 있는 유일한 길은 결과에 신경을 쓰지 않는 것이다. 결과는 내가 어찌할 수 없는 영역이다. 결과에 대한 생각 스위치를 끄면 된다. 그래야만 정말 공부를 즐길 수 있다. '매우 공부를 잘하는' 필자의 한 지인은, '책 읽고 공부하는 게 세상에서 제일 재미있다'며 이렇게 말했다.

"그냥 시험 볼 때 모르는 게 나오면 몇 개 틀리면 되죠, 뭐. 왜 꼭 기를 쓰고 한 문제라도 더 맞추려고 노력해야 하는지 모르겠어요. 모르는 문제가 나오면 틀릴 수도 있는 거잖아요. 애를 쓰며 힘들게 공부해 본 적이 별로 없어요. 그건 진짜 공부가 뭔지 모를 때 그렇게 하는 거죠. 대학을 들어가니까 저보다 훨씬 공부 잘하는 애들도 많더라구요, 그런데 걔들도 힘들게 공부 안 했어요. 과제도 많고 시험범위도 엄청났지만, 다들 편하게 했어요. 진짜 공부를 잘하는 애들은 그 자체를 즐길 줄 아니까 힘들어하지 않아요."

공부가 힘들고, 싫은데 억지로 참으며 하고 있다면 그것은 즐기고 있는 것이 아니다. 지나치게 결과에 집착하는 태도 역시 과정 그 자체를 즐기지 못하게 만든다.

사실 열심히 노력한 것과 좋은 결과를 얻는 것은 별개의 문제일 수 있다. 이는 인과 관계에 따라 100% 이어지지 않는다. 결과는 우리가 컨트롤 할 수 있는 영역에서 벗어나 있다. 하나의 결과는 예상할 수 없는 수없이 많은 우연과 변수, 행운과 불운의 교차, 그리고 우리가 쏟은 노력, 이런 것들이 뒤엉켜 만들어지기 때문이다. 정확히 노력에 비례하여 결과가 도출되지 않는다. 조금은 억울한 일이 아닐 수 없다.

만약 이런 불공평함을 진심으로 인정하고 받아들일 수만 있다면, 또 그것을 받아들이고도, 최선을 다해 노력할 수만 있다면, 최고 단계까지 온 것이다. 즉, 드디어 공부를 즐길 수 있는 단계이다. 최고 레벨, 멘탈 승자의 자세가 바로 이런 것이다.

이 단계에 도달하게 되면 마음이 편안해진다. 모든 것을 내가 완벽히 통제할 수 있다고 생각하면 힘이 들어간다. 힘이 들어간다는 것은 애를 쓴다는 것이다. 그렇게 지나치게 애를 쓰면 의외로 결과가 좋지 못한 경우가 많다. 힘은 뺀 채로 부단한 노력만을 이어가야 한다. 집착하고, 스스로에게 강요하는 상태가 되면 능률이 오를 수 없다. 힘을 빼야 공부가 즐거울 수 있다. 즐기는 단계가 오면 열심히 하는 단계를 뛰어 넘은 것이다.

그러나, 모든 노력의 최대치는 자신에 대한 배려를 넘어서지 않는 수준이어야 한다. 스스로를 상처내고, 힘들게 하고, 부정하면서까지 하는 노력은 노력이 아니다. 지나치다 싶으면 멈춰야 한다. 자신을 가혹하게 대하면 안 된다. 또한 열심히 하되, 즐겁게 하기 위해서는 결과에 대한 생각을 잊어야 한다. 결과를 생각하기 시작하면 끝도 없이 생각이 이어진다. 끝도 없는 생각에 사로잡혀 스스로를 불안하게 만들지 말자. '수능점수는 몇 점이 나올까? 나는 내가 원하는 대학에 갈 수 있을까? 그날 수학 시험을 떨지 않고 잘 볼 수 있을까?' 이런 생각들은 공부를 하는 데 아무런 도움이 되지 못한다.

미래는 고민해야 하는 것이 아니라 확신해야 하는 것이다. '나의 미래는 밝다. 내가 원하는 미래가 나를 찾아 올 것이다.' 이런 확신 속에서 결과에 대한 생각은 접어야 한다. 그리고 오로지 '오늘', '지금', '순간'만을 붙들어야 한다.

그저 이 순간 최선을 다했는지만을 생각하고 하루하루를 채워나간다면, 조금씩 공부가 즐거워질 것이다. 물론 열심히 했는데 학교 시험이나 모의고사 점수가 생각보다 잘 안나오는 경우도 있을 것이다. 그러나 실망하지 말자. 좀 더 멀리 보고 크게 보자. 지금 받은 중간고사 성적, 오늘 받은 모의고사 성적이 최종 목표 달성 여부를 가늠하는 자료가 아니기 때문에 지나치게 의미부여를 할 필요가 없다. 진짜 최종 목표는 중간고사 성적 향상, 모의고사 1등급이 아니라, 원하는 대학과 학과에 진학하는 것이다. 목표를 혼동해서는 안 된다. 따라서 '좌절'은 최종 대입 결과가 나올 때까지 당당하게 유예할 자격이 있는 것이다.

입시는 머리 좋은 사람이 이기는 게임이 아니라 포기하지 않고 끝까지 하는 사람이 이기는 게임이다. 중간고사 성적 때문에 우울해하고, 모의고사 성적이 안나왔다고 슬럼프에 빠지고, 이런 식으로 멘탈 관리가 되지 않으면 성적 또한 더욱 관리가 안될 것이다. 똑똑한 두뇌를 가지고도 노력만큼 성적이 나오지 않는다고 금방 좌절하고, 포기해 주는(?) 많은 학생들이 있기 때문에, 시간이 지날수록 멘탈이 강한 승자는 더 높이, 더 멀리, 더 빠르게 상승할 수 있는 것이다.

무시할 수 있는 것도
능력이다
"I don't care"는 핵심 인성 덕목

그동안 많은 일들을 겪어왔고 우습지만 이젠 너무 익숙해서 무덤덤한 것도 사실이다.
무언가가 아무리 나를 흔들어댄다 해도 난 머리카락 한 올도 흔들리지 않을 테다.
—김연아의 7분 드라마 中

필요한 것, 필요하지 않은 것을 구분하는 것도 능력이다. 필요하지 않는 것을 기꺼이 쓰레기통에 집어넣고 뒤돌아 보지 않는 것이다. 외부의 갖가지 자극에 선별적인 반응을 보이는 것. 때로는 그러한 자극을 기꺼이 무시하는 것이 진정한 승자의 '능력'이다.

우리는 살면서 수많은 이야기들을 듣게 된다. 일상의 사소한 이야기에서부터 진지한 충고와 조언들, 이런저런 뉴스거리들, 크고 작은 정보들. 우리는 너무 많은 사람들의 생각에 귀를 기울이고, 보잘 것 없는 정보들에 너무 지나친 관심을 보이고 있는지도 모른다.

저널리스트인 데이비드 브룩스는 "오늘날 소셜 미디어 문화가 개인을 스스로의 브랜드매니저로 만들고 있다. 그래서 사람들은 페이스북, 트위터, 인스타그램 등 SNS를 통해 자신에 대한 멋지면서도 왜곡된 이미지를 양산하고 있다"고 한다. 브룩스는 우리 모두 조심하지 않으면 '인정을 갈구하는 기계(approval-seeking machine)'가 될 수 있다고 덧붙였다. 페이스북의 '좋아요' 수, 팔로워 수 등이 사회적 지위를 결정하는 것처럼 보인다. 이것은 진정한 사회적 지위가 아니다. 이런 그물에 한 번 걸려들면 박차고 나와 좋은 삶을 살기가 힘들어진다. 감정을 뒤흔드는 자극적인 이야기들, 조언을 가장한 은근한 비난과 조롱, 단순한 가십거리부터 진정 의미 있는 정보와 지식들까지……. 이런 공격들은 알아채지 못할 정도로 미묘한 것들도 많다. 치명적이지는 않지만 자존감에 상처를 입히고 감정적인 면역력을 약화시키기에 충분하다.

우리는 하루하루 엄청난 자극 속을 헤엄쳐 다닌다. 그중에서 어떤 이야기들은 감정을 상하게 하고 일상에 혼란을 주기도 한다. 이러한 외부의 여러 자극과 정보들 중에서 자신에게 진정 도움이 되는 것을 선택하고 나머지는 버리는 능력이 필요하다. 때로는 냉정해질 필요가 있다. 이런 부분에서의 냉정함은 중요한 인성 요소이자 능력이다.

냉정할 수 있으려면, 즉 필요 없는 것을 버릴 수 있으려면 자신이 선택한 것에 대한 확신이 있어야 한다. 자신만의 내적 기준이 없다면 다른 사람들의 꼭두각시 노릇을 할 수밖에 없다. 쏟아지는 자극들을 모두 받아들이다 보면, 언젠가 자신은 온데간데없이 사라져 버리고 말 것이다. 즉, 공부를 열심히 해야겠다는 결심을 했다면, 그와 함께

'중요하지 않은 것들에 대해 신경 쓰지 않겠다'는 단호한 결심도 함께 해야 한다.

자신이 어떤 사람인지, 그리고 지금 현재의 목표는 무엇인지 뚜렷하게 알고 있다면 분명 자신에게 중요한 것과 덜 중요한 것을 구분할 줄 아는 분별력이 생길 것이다. 분별력을 갖게 되면 빠르게 판단할 수 있다. 그리고 보다 중요하고 가치 있는 일에 한정된 에너지를 쏟을 수 있게 된다. 그리고 보다 덜 중요한 일에는 흔들리지 않는 대범함도 함께 가지게 될 것이다.

작은 것에 신경 쓰고, 포기한 것에 미련을 두고, 사소한 일에 감정을 낭비하는 것. 이런 상황이 바로 우리가 '흔들리는' 상황이다. 만약 어떤 일에 대해 마음이 불편하고 기운이 빠져서 공부할 의욕도 나질 않을 수 있다. 그럴 땐 두 가지 중 하나를 선택해야 한다. 그런 자극을 차단하든지, 아니면 그런 자극에도 흔들리지 않는 강한 멘탈을 소유하든지……. 사실 이 과정에서는 다른 사람들에게 상처를 주고 또 자신도 상처를 받을 각오도 해야 한다. 지나친 죄책감, 지나친 배려, 지나친 자기반성은 결국 자신만 상처입을 뿐이다.

조금은 나쁜 사람이 되어도 좋다. 지금 당장 마음대로 행동하라는 의미가 아니다. 자신의 목표를 기준으로 중요도에 따라 반응을 선별하고, 내키지 않은 일에 지나치게 얽매여서 에너지를 소모하지 말라는 뜻이다. 이 과정에서 상처주고, 상처받을 각오 또한 단단히 해야 한다. 그리고 그럴 수밖에 없음을 인정해야 한다. 이 사실을 담담하게 받아들이고 나면 마음이 가벼워질 것이다.

내가 소중하듯이 상대방도 소중하다. 그러나 상대방이 나에게 요구하는 것들, 나를 함부로 평가하는 것들을 전부 수용할 필요는 없다. 모든 것을 수용하고 긍정할 수는 없다. 이것은 이기심이 아니다. 자신을 지키고 사랑하는 방법이다. 누가 무엇을 말하든, 누가 어떻게 나를 평가하든 이 모든 것들은 사실 중요하지 않다. 내가 나를 어떻게 바라보느냐가 가장 중요하다.

차단해야 하는 것, 버려야만 하는 것들 중에는 외부적인 것뿐만 아니라 내부적인 것도 포함된다. 바로 자기 연민이다. 독일의 작가 롤프 도벨리는 다음과 같이 말했다.

"심리 치료사의 소파에서 환자들은 자신의 유년시절을 파헤치며 망각하는 편이 좋았을 온갖 일들을 끄집어낸다. 그리고 그런 일들에 현재의 달갑지 않은 상황에 대한 책임을 뒤집어씌운다. 이런 일은 두 가지 면에서 문제가 있다. 첫째, 다른 사람, 특히 자기 부모의 잘못에도 유효기간이 있다. 마흔이 넘었는데 아직도 부모의 탓을 하는 사람은 미성숙한 사람으로, 어려움을 겪어도 싸다. 둘째, 연구에 따르면 유년기의 트라우마(부모의 죽음, 이별, 방치, 성적 학대)와 성인이 되었을 때의 행복감이나 성공 여부는 그다지 상관관계가 없다."

미국 심리학회의 전 의장인 마틴 셀그리만은 몇 백 개의 연구를 분석하고 이런 결론을 내렸다.

"유년 시절의 사건들과 성인의 인격 사이의 빈약한 상관관계조차 입증하기 힘든데, 하물며 크고 중대한 영향이 있다는 암시는 없다. 자기 연민은 아무것도 변화시키지 못한다. 그 속에서 허우적거릴수록 더 나빠지기만 한다."

《행복한 이기주의자》의 저자 웨인 다이어는 다음과 같이 말했다.

"사람들은 항상 자신의 현 위치를 자신이 처한 환경 탓으로 돌린다. 나는 환경이라는 것을 믿지 않는다. 이 세상에서 성공한 사람들은 스스로 일어서서 자신이 원하는 환경을 찾은 사람들이다. 만약 그런 환경을 찾을 수 없다면 그런 환경을 만든다."

자기 연민 또한 버려야 할 요소이다. 자기 자신에게도 냉정해야 할 필요가 있다. 자기애가 지나치게 강해서 스스로를 지나치게 측은하게(?) 바라보는 것도 공부를 잘할 수 없는 이유 중 하나이다. 자기 연민의 전제는 '나는 약하다'이다. 어떤 일이 실패했을 때 '나는 약하다'라고 인식하게 되면 자기 합리화와 변명으로 스스로를 변호하게 된다. '내가 이런 가정환경에서 어떻게 공부를 잘할 수 있겠어', '열심히 공부하려고 했는데, 친구가 기분 나쁜 말을 했어. 오늘은 공부에 집중이 안될 것 같아'처럼 자신을 약한 존재로 만들어버리면 매사에 실패하고 부족한 것이 당연하게 되어버린다.

자신을 보다 객관화시킬 필요가 있다. 버려야 할 오래된 감정들은 냉정하게 버려야 한다. 우울과 자기 연민에 빠져 아무것도 하지 않고 하늘만 올려다보며 운명을 탓하고 세상을 비판하는 것은 패자의 모습이다.

TIP

둔감력 테스트

 나의 둔감력은 어느 정도인가? 체크리스트를 보고 해당되는 항목에 체크해 보자.

재미로 확인하는 나의 둔감력 체크리스트

번호	항목	체크
1	주변 사람보다 인기척이나 소리, 물체 등에 쉽게 화들짝 놀란다.	☐
2	사무실이나 집안 등 주변 환경에 변화가 생기면 금방 눈치챈다.	☐
3	주위에 갈등이 생기면 '나 때문인가' 고민하는 경우가 많다.	☐
4	지인들이 기쁨, 슬픔, 억울함을 느낄 때 자주 내일처럼 느껴진다.	☐
5	두통, 치통, 상처 등 사소한 통증들이 거슬려 힘들다.	☐
6	일상생활 중에도 문득 조용한 곳이나 이불 속에 혼자 있고 싶다는 생각이 간절하다.	☐
7	밝은 조명, 거슬리는 옷감과 소리 등이 자주 나를 미치게 한다.	☐
8	목소리가 큰 가족, 직장동료, 친구, 지인이 불편하다.	☐
9	어떤 문제는 온 힘을 들여 고민해 자주 기진맥진한다.	☐

10	나는 남보다 성실하고 양심적인 사람이라고 생각한다.	☐
11	짧은 시간에 많은 일을 해내야 할 때면 당황한다.	☐
12	사람들이 무언가 불편해 할 때, 나는 대개 그 원인을 쉽게 눈치 챈다.	☐
13	항시 실수하지 않으려고, 물건을 잃어버리지 않으려고 애쓰는 편이다.	☐
14	공포 영화나 격투 장면 등을 싫어해 피하는 편이다.	☐
15	앞뒤가 환히 트인 사무실보다 칸막이로 막힌 사무실에서 일하고 싶다.	☐
16	배가 고프면 집중력이 급격히 저하되는 등 허기에 대한 반응이 큰 편이다.	☐
17	모험하기보다 불안정을 피하기 위해 늘 삶이 정돈되어 있는 것이 좋다.	☐
18	한 번 받은 비난이나 꾸중을 쉽게 잊지 못하는 편이다.	☐
19	내 판단으로 일이 잘못된 경우 상심해 우울감이 수일 이상 지속된다.	☐
20	스스로 만든 엄격한 기준을 지키지 못할 때면 견딜 수 없이 화가 나기도 한다.	☐

일레인 아론 'HSP(Highly Sensitive Person)체크리스트', '롤프 젤린 HSP 연구소 테스트' 참조
ⓒ 한국일보

결과

0~4개	당신은 이미 멘탈(甲), 둔감력이 충만하군요!
5~10개	예민 씨앗이 꿈틀대나 때로 대담할 줄 아네요.
11~16개	예민 경보 발령, 지친 자신을 다독일 시간
17~20개	번 아웃 & 폭발 직전, 둔감력이 절실합니다.

제 4 장

공부

더 공부하지 않아도
성적이 올라가는
사소하지만 중요한 방법들

나만의 동기는
곧 나만의 무기이다

동기의 시작, 도저히 참을 수 없는 그 무엇

목적 없는 공부는 기억에 해가 될 뿐이며,
머릿속에 들어온 어떤 것도 간직하지 못한다.
— 레오나르도 다빈치

《우리가 공부를 결심해야 하는 이유》라는 책에서는 공부 동기를
다음과 같이 크게 네 가지로 분류하고 있다. 다음에 제시된 네 가지
유형 중에서 자신은 어떤 스타일인지 생각해 보자.

첫째, 꿈 추구형

장기적인 목표나 꿈을 설정한 다음 이를 앞에 두고 전진하는 유형
이다. "꿈을 향해 전진!"

- 하고 싶은 일이 있다.
- 공상을 잘하고 공상하기를 좋아한다.

- 새로운 일을 만나면 두려워하기보다는 도전의 과정을 즐기고자 한다.
- 자신감이 있으며 다른 사람들에 비해 열성적이다.
- 내가 좋아하는 것과 잘하는 것이 무엇인지 파악하고 있다.
- 현실과의 타협은 자존심이 상하는 일이라고 생각한다.
- 관심 분야가 확고하며 이와 관련된 지식을 꾸준히 쌓아오고 있다.
- 한 가지에 꽂히면 관심이 오랫동안 지속된다.

둘째. 환경극복형

주어진 환경을 극복하고 싶어하며 그 해결 방안을 공부에서 찾는다. "얼른 탈출해야지!"

- 주위 상황이 불만족스럽다.
- 미래를 생각하면 기대보다는 불안감이 더 크다.
- 스스로 또래보다 철이 든 편이라고 생각하며 애늙은이 같다는 말도 자주 듣는다.
- 예체능을 비롯한 공부 외 분야보다는 공부가 자신과 더 잘 맞는다고 생각한다.
- 미래 지향적이기보다는 현실적인 성향이 강하다.
- 절제와 자기 관리에 능한 편이다.
- 현재 상황에서 벗어나고 싶은 탈출 욕구를 자주 느낀다.
- 현실을 생각하는 일 자체가 스트레스로 다가온다.

셋째. 경쟁 모방형

다른 사람을 강하게 의식하는 유형. 경쟁이나 모방하는 힘이 이들을 추동한다. "나도 저렇게 해야지!"

- 칸막이가 있는 독서실보다는 탁 트인 공간에서 집중이 잘 된다.
- 친구들과 모여서 공부하면 능률이 오르는 편이다.
- 옷차림, 머리 모양 등 외향에 신경을 많이 쓴다.
- 부러움 혹은 질투심이 많아 늘 신경쓰이는 친구가 같은 반에 한 두명 정도 있다.
- 학급, 학교 등 자신이 속한 단체 내에서 스스로의 위치를 정확히 파악하고 있다.

넷째. 단기 목표 성취형

당장 성취할 수 있는 눈앞의 계획을 실천하는 과정을 가장 중요시한다. "차근차근 해낼 거야!"

- 혼자만의 시간과 공간을 확보하는 것이 매우 중요하다.
- 다른 사람과의 비교보다는 스스로 세운 기준을 통해 자신을 평가한다.
- 웅대한 꿈을 꾸기보다는 현재에 충실하고자 한다.
- 공부의 필요성에는 공감하나 공부 자체에 흥미를 느끼지는 못한다.
- 미션을 달성해 나가는 게임이 성향에 맞고 재미있다.
- 즉각적이고 성과가 나타나는 일으 할 때 특히 더 힘이 난다.
- 원하는 보상을 얻을 수 있다면 싫어하는 일도 참아가며 할 수 있다.

공부를 못하는 학생들 중 약 90%는 공부법이 아닌 공부 동기에 문제가 있다. 동기는 학생의 내면에 열정과 에너지를 샘솟게 하고 지식을 받아들이는 데 있어 제대로 된 자세와 집중력을 갖추게 한다. 이 두 가지를 겸비한 학생은 다른 사람들과 같은 방법, 혹은 덜 효율적인 방법으로 공부를 해도 훨씬 더 탁월한 성취를 이뤄낸다. 뚜렷한 공부 동기 없이 그냥 어영부영 공부만 하는 학생은 같은 시간을 투자하고, 같은 방법을 사용한다 해도 별다른 성과를 얻어내지 못한다.

성적이 높고 낮음보다 더 중요한 것은 공부에 대한 내적 동기를 가졌느냐의 유무이다. 왜 공부해야 하는지 자신만의 이유를 제대로 찾았다면 결국 원하는 목표를 향해 끝까지 노력하게 되어 있다. 강한 동기는 강한 실천력을 이끌어 낸다. 실천력이 부족한 것을 의지 탓으로만 돌리지 말자. 더 독한 동기가 필요한 것인지도 모른다.

학습 동기를 찾기 어려운 이유는 그것을 다른 사람이 가르쳐 줄 수 없기 때문이다. 이것은 스스로에게 끊임없는 질문으로 찾아야 하는 자신만의 과제이다. 그것이 꼭 공부가 아닐 수도 있다. 피아노를 연습하고 있다면 왜 잘 쳐야 하는가? 왜 열심히 쳐야 하는가? 왜 피아니스트가 되어야 하는가? 이에 대한 답은 자신만이 안다. 정해진 답은 없다. 피나도록 해야 하는 각자의 이유를 찾아야 한다. 아무도 답해 줄 수 없다. 아무리 소박한 이유라도 스스로에게만큼은 절실한 이유가 될 수 있다면 그것으로 충분하다.

그것은 순간의 감정일 수도 있고 잊혀지지 않는 하나의 선명한 시각적 이미지 혹은 기억일 수도 있다. 공부하고자 하는 강한 동기를 불러일으키는 순간을 잘 포착해서 그것을 자신만의 동기로 붙들어야 한다. 그 동기가 꼭 이상적이고 바람직한 가치를 내포할 필요는 없다. 지금은 스스로 생각하기에 유치하고 심지어 장난스럽게 여겨질 수도 있다. 그것이 경쟁이나 질투와 같은 부정적 감정이라 하더라도 괜찮다. 새벽까지 책상에 앉아 공부할 수 있게 만드는 강력한 에너지를 만들어준다면, 또는 아침에 눈을 번쩍 뜰 수 있게 만드는 강렬한 실천력을 이끌어 낸다면, 일단은 좋다. 결국 우리는 강력한 실천력을 이끌어내기 위해 잠시 동안 그 동기를 이용하는 것이기 때문이다.

엉뚱하고 한심하다고 생각되는 동기를 품었다 할지라도 괜찮다. 생각이란 시간이 지나면 변하기 때문이다. 동기가 변하는 것도 당연하다. 삶의 가치와 목적이 변하듯, 동기도 시간이 지나면 보다 넓고 크게 성장하여 사회 보편적인 가치로 수렴되어 간다. 점점 생각이 넓어지고 능력이 확장되면, 이제는 타인과의 비교를 통한 우월의식이나 개인적인 욕망 수준의 동기를 벗어나, 사회에 기여할 수 있는 넓은 목표의식을 자연스럽게 갖게 될 것이다.

대학 시절 평소 존경하던 교수님께서는 삶은 관성의 법칙이 적용된다는 말씀을 하셨다.

"한번 올라가기 시작하면 계속해서 올라간다. 그러나 한번 가라앉기 시작하면 계속해서 가라 앉는다." 관성의 법칙은 외부에서 힘이 가해지지 않는 한 모든 물체는 자기의 상태를 그대로 유지하려고 하는 것을 말한다. 오늘 했던 생각을 내일도 하고 내일 했던 생각을 일주일 뒤에도, 한 달 뒤에도 한다면 삶은 그대로일 것이다. 세상은 빠르게 앞으로 나가고 있는데, 나는 제자리를 지키고 있으니, 지금 나는 바닥으로 내려가고 있는 것이다.

관성의 법칙에 따라 한번 올라가 본 적이 있는, 즉 올라가는 방법을 깨달은 사람은 계속 올라간다. 그러나 실패의 매너리즘에 빠진 사람은 그 쳇바퀴에 갇혀있다. 그 쳇바퀴를 빠져나오려면 동기라는 강력한 지렛대가 필요하다. 강력한 동기. 치열하게 공부해야 하는 자신만의 이유를 만들지 못한다면 지금 읽고 있는 이 책 또한 아무런 의미가 없을 것이다.

"저는 처음부터 게임 폐인은 아니었어요. 어린 시절 저는 체구가 유난히 왜소하고 말라 동네에서 가장 조그만 아이였죠. 덩치가 작다 보니 힘이 약했고 그래서 종종 친구들이 치는 거친 장난의 희생양이 되곤 했어요. 잠자코 당하고만 있으니 전 그냥 괴롭혀도 되는 아이로 굳어져 버린 거였죠. 당시엔 이 세상이, 그리고 현실이 저를 잡아먹지 못해 안달인 것처럼만 느껴졌어요.

어느 날 제가 운 좋게도 이벤트에 당첨되어, 현금으로 치면 100만원 짜리 아이템이 생긴 거예요. 정말 세상을 다 가진 것만 같았어요. 그런데 그중 제일 친하게 지내던 친구 한 명이 딱 한번만 그 아이템을 장착해보고 싶다며 은근히 계속 조르더라고요. 알고 지낸 시간도 있고 정도 많이 들었고 해서 그냥 기분 좋게 빌려줬어요. 그런데 그 녀석이 그 아이템을 보내주자마자 곧바로 게임에서 로그아웃하더라고요. 그땐 정말 심장이 멎는 줄 알았어요. 중학생에게 100만원은 어마어마한 금액이잖아요. 그 이후로 더 이상 인간관계에서 만만하게 당하고 싶지 않았어요. 배신감에 치를 떨며 곰곰이 생각했죠. 믿었던 친구에게 배신당하고 펑펑울고나 앉아 있는 찌질한 놈에서 벗어나려면 나는 뭘 해야할까. 결론은 '만만하지 않는 놈'이 되어야 한다는 거였어요. 그렇게 하기 위해 제가 선택한 건 바로 '공부'였죠. 성적에 따라 대우가 다르다는 걸 느꼈거든요. 〈중략〉

사실 저는 괴롭힘 당하는 친구들의 착하고 순수한 성격이 좋아서 그 아이들과 친하게 지내는 편이었어요. 그러니 따돌림의 주동자들이 저를 함께 괴롭혀도 전혀 이상할 게 없었죠. 그런데 곰곰이 따져보니 큰 차이가 하나 있더라고요. 바로 성적이었어요. 저는 중간 이상의 성적이었고, 괴롭힘 당하는 친구들은 성적이 낮은 편이었죠. 성적이 은연중에 사람을 평가하는 기준이 된 거예요."

특별히 내세울 만한 점이 없었기에 민욱이는 늘 자신이 없었다. 키가 크지도, 그렇다고 외모가 근사한 것도 아니었다. 부유한 집안에서 은수저를 입에 물고 태어나지도 못했다. 그런 민욱이에게 공부란 부족하게 타고난 자신이 스스로 노력해 가질 수 있는 커다란 인센티브였다.

"괴롭힘을 당했던 친구들과 저를 비교하며 느낀 감정은 씁쓸했지만 그게 바로 현실이더라고요. 공부하다 때려치우고 싶은 적이 한두 번이 아니었죠. 하지만 매번 그럴 때마다 저를 붙들어준 건 그 시절, 그때의 깨달음이었어요. 현실은 지나칠 정도로 냉정해요. 뒤떨어지는 사람은 투정을 부려봤자 소용이 없어요. 그저 겉으로만 위로해줄 뿐이죠. 성공하지 못하면 그건 찌질이의 푸념에 불과해요. 지금 아무리 힘들어도 투정부리기보다는 일단 성공하려는 노력을 하세요. 타고난 게 별로 없는 저도 여기까지 올 수 있었으니 다른 친구들은 분명 더 잘해낼 수 있을 거예요."

《우리가 공부를 결심해야 하는 이유》중에서, 한민욱, 고려대학교 식품자원경제학과

진로희망 칸은 못 적었어요
목표가 진짜 내 것인지 확인하는 방법

> 사람은 누구나 천재다. 하지만 나무에 오르는 능력으로
> 물고기를 판단하면 물고기는 자신이 바보라고 생각하며 평생을 살게 될 것이다.
> —알베르트 아인슈타인

사실 모든 학생들이 공부를 잘해야 할 필요는 없다. 공부를 잘하고 싶은 마음을 가져야 하는 학생은, 자신의 목표가 '공부를 잘했을 때 성취할 수 있는 분야'일 때만 의미가 있다. 많은 학생들이 자신의 목표를 모른다. 자신의 진로 목표에 대한 확신도 부족하다. 그래서 무조건 일단 공부를 잘 해야 한다고 생각하고 스트레스를 받는다. 열정도 있고, 용기도 있고, 무엇이든 할 수 있는 능력도 갖춘 학생이지만, 진정 자신이 무엇을 원하는지를 모른 채 시간을 낭비하고 있다. 그나마 '자신이 무엇을 원하는지를 모른다'는 사실이라도 자각하고 있으면 다행일 정도다. 가장 안타까운 것은 자신의 목표가 정말 자신이 원하는 것인지에 대한 진지한 고민 한 번 없이 졸린 눈을 비비며 공부하고 있는 학생들이다.

물론 공부를 잘했을 때 성취될 수 있는 진로 목표가 많다. 때문에 공부를 잘 해야 한다고 막연히 생각한다. 다만, 자신의 진정한 목표는 '다수가 힘들게 경쟁하는 시스템 속에서 검증받아야만 하는 그 무엇'이 아닐 수도 있다.

사실 학생들이 자신의 목표에 대한 진지한 성찰을 할 시간적, 심리적 여유가 거의 없다. 매일 반복되는 학교생활을 하는 것도 힘든데, 그런 진지한 생각을 할 여유가 쉽게 생기지 않는다. 설령 그런 여유를 가졌다고 해서 자신이 선택한 진로 목표가 정말 자신의 길인지 어떻게 확신할 수 있을까? 우리 사회가 아이들에게 너무나 어려운 선택을, 너무 빨리 강요하고 있지는 않은지 걱정스럽다.

아직 학생들은 꿈이 많은 나이다. 어제 꿈이 오늘과 또 다를 수 있기에 아름다운 시기다. 세상의 다양한 직업세계와 다양한 삶의 가치들을 좀 더 배우고 나서 자신의 진로를 선택할 수 있는 기회가 많았으면 한다.

현재 고등학교 교육과정에서는 자신의 진로 목표에 따른 일종의 '스펙(?)'을 쌓아 그와 관련된 활동들로 생활기록부를 채우는 형태가 많다. 예를 들어 1학년 때 의대를 목표로 동아리 활동, 봉사활동 등을 실컷 채워 넣었다가, 2학년에는 성적이 안 나와서 생물학과로 진로를 변경하는 학생이 있다. 이럴 경우 진로 변경 이유를 자기소개서에 뭐라고 적어야 할까? 정말 관련 분야의 호기심이 변해서일까? 만약 관심 분야가 달라져서 진로를 변경했다는 말이 100% 신뢰성을 가지려면, 의학과와 생물학과의 학생 선발 성적이 같아야 한다. 실제 평가에서는 차등을 두고 학과를 서열화 시켜 놓으면서, 아이들에게는 순수하게 진로목표를 선택해서 노력하라고 한다. 이것이 높은 성적을 받아놓고 성적이 낮아도 갈 수 있는 학과를 소신 있게 선택하는 학생이 드문 이유다.

많은 학생들이 자신의 진정한 꿈이 무엇인지도 모르고 무작정 공부한다. 그리고 공부를 잘하면 좋다고 생각한다. 왜 잘해야 하는지 생각해 본 적 없이 그저 잘해야 한다고 한다. 공부를 잘해야 하는 이유는 무엇일까? 부모님이 좋아하시니까? 높은 성적은 높은 자기 가치를 증명하니까? 또는 다들 그래야 한다고 하니까?

위 질문에 대한 답은 스스로 찾아야 한다. 공부하는 내내 끊임없이 스스로에게 물어야 할 것들이다. 그렇다면 자신의 진로 목표를 확실히 정한 학생의 경우는 어떨까? 이 목표가 진정 나의 목표인지를 확인하는 방법은 무엇일까?

지금 자신의 진로 목표를 달성한 장면을 상상해 보자. 입가에 미소가 살짝 번질 정도로 행복한가? 심지어 목표로 했던 학과나 대학보다 더 높은 성적이 나왔다고 하더라도, 망설임 없이 그 학과, 그 대학, 그 진로를 선택할 수 있는가?

만약 그렇지 않다면 자신의 궁극적인 꿈과 목표에 대한 점검을 다시 해 봐야 한다. 이것은 진정한 자신의 목표가 아니라 사회나 주변 사람들이 강요하는 목표일 수 있다. 그게 아니라면 적당히 자신과 타협한 목표일 수 있다. 예를 들면, 의대를 가고 싶지만 갈 자신이 없어 생물학과로 적당히 타협하는 선택을 하는 것이다. 왜 성적과 상관없이 진정 자신이 원하는 목표를 희망하지 못하는가? 최소한 자신의 꿈과 관련해서는 현실과 적당히 타협해서는 안 된다.

자신만의 진정한 목표를 찾아야만 공부가 의미 있어진다. 너무나 이루고 싶은 '그 무엇'을 찾게 되면 이 책조차 읽을 필요가 없어질 것이다. 설레게 하는 그 무엇, 두근거리는 그 무엇이 어떤 직업이나 진로 분야가 아닐 수도 있다. 아직 진로 방향을 찾지 못했다면 자신을 두근거리게 만드는 한순간, 미래의 한 장면이라도 그려야 한다. 아직 결정을 못했더라도 스스로 어떤 장면을 상상할 때 입가에 미소가 번지는지는 알아야 한다. 예를 들어 수많은 청중들 앞에서 이야기하고 있는 자신의 모습에 마음이 설렌다면 그것이 바로 자신의 길이다. 직업은 그 이후에 찾아보면 된다. 수입, 사회적 지위, 생계유지, 직업적 안정성, 명예, 자신의 능력 등을 따진 다음에 진로를 선택하려고 하니 두근거리지 않는 것이다.

자신의 꿈은 타인이나 사회가 강요한 것이 아니다. 진정 자신이 원하는 가치를 함축한 자신만의 것이어야 한다. 상상만으로도 가슴 뛰는 그 무엇인가를 꿈꾸고 있는지 자문해야 한다.

꿈은 그 자체가 목적이다. 공부를 잘하기 위한 공부를 해서는 안 된다. 공부를 잘하는 것이 목적이 아니다. 공부는 꿈을 이루기 위한 하나의 도구이자 과정일 뿐이다. 왜 공부해야 하는지 자신만의 답을 찾지 못했다면 결코 공부를 잘할 수 없다. 공부가 자신의 꿈을 이루기 위한 수단이 되어야 하는지 스스로 물어야 한다. 그리고 그 답이 "Yes"로 돌아온다면, 자연스럽게 공부를 열심히 하고 싶어질 것이다.

공부를 잘하게 만드는 주문
'NLP 신경언어 프로그래밍'이란?

인간은 누구나 자기 상상력의 한계를 세상의 한계라고 생각한다.
—쇼펜하우어

공부를 잘하게 되는 다양한 방법들이 있겠지만 지금 소개하고자 하는 내용이 성적을 올리는 가장 단순한 방법 중 하나가 될 것이다. 받아들이는 독자 입장에서는 무슨 허무맹랑한 소리냐고 할 수 있다.

공부를 잘하게 만드는 주문이 있다. 그렇다면 그 주문만 외우면 공부를 잘하게 되느냐고? (미안하지만) 아니다. 행동하지 않으면 얻을 수 있는 것은 아무것도 없다. 사과는 그냥 떨어지지 않는다. 중력이라는 힘이 가해졌기 때문에 떨어진 것이다. 공부를 '해야' 공부를 잘하게 되는 것은 분명하다.

그러나 주문을 외운다면 이전보다 공부가 덜 힘들게 될 것이다. 조금 더 재미있게 느껴질 것이고, 조금 더 편안한 마음으로 공부할 수 있을 것이다. 힘이 덜 든다는 것은 그만큼 즐기고 있다는 의미가 된다. 공부가 즐겁고, 학교생활이 보다 즐거울 것이다. 정확하게 말하면 공부하면서 소진되는 정서적, 심리적, 육체적 에너지 소비를 줄일 수 있게 됨으로써 공부가 훨씬 쉽게 느껴지고 즐겁게 느껴질 수 있는 기회를 가지는 것이다.

공부를 '잘' 하려면 지금 이순간에도 책상에 앉아 책에 밑줄이라도 한 줄 더 그어야 진전이 있다는 사실은 누구나 잘 알고 있다. 실천과 행동이 결과를 만들어 내는 것은 당연한 일이다. 그러나 공부를 잘할 수 있을 것이란 믿음, 즉 자신이 그런 일을 해낼 수 있을 것이라는 믿음이 공부를 잘하게 만드는 것도 중요한 사실이다.

결과를 바꾸는 힘은 행동이지만 그 행동을 이끌어 내는 힘은 의지만으로는 부족하다. 우리는 수없이 계획하고 실패하며 자신의 부족한 의지를 탓한다. 해야 하는 것은 알지만 하지 않고 있는 이유는 자신의 약한 의지 때문이라는 것을 알고 있다. 그렇다면 의지를 행동으로 전환시키는 데에 힘이 들지 않게 된다면 어떨까? 억지로 강하게 밀어붙여야만 해낼 수 있는 일을 힘들이지 않고 해내는 방법은 없을까?

자신을 원하는 모습으로 만드는 부드럽고 강한 힘. 그것을 가능하게 하는 것이 바로 자기 암시 영역이다. 이는 NLP 신경언어 프로그래밍 (Neuro-linguistic Programming)라는 이름으로 일부 자기 계발서에 다양한 형태의 메시지로 소개되고 있다. 미국의 정보처리학자와 언어학자가 창시한 신경언어 프로그램으로서 인간이 언어를 통해 자신에게 한 암시가 일종의 뇌 속에 프로그래밍되어 실현된다는 이론이다. 일종의 잠재능력 개발에 해당된다.

사실 이 신경언어 프로그래밍을 활용하여 일부 강사들이 고액의 강습비를 받고 학생들에게 성적 향상 코칭 프로그램을 해 주기도 한다. 그러나 그 근본 이론을 생각한다면 누구나 자신이 가진 잠재의식의 변화를 통해 원하는 목표 달성에 이를 수 있다. 우리의 잠재의식은 토양과 같아서 좋은 씨앗이든, 좋지 못한 씨앗이든 어느 것이나 받아들인다. 잠재의식은 우리가 하고 있는 생각이 좋은지 나쁜지, 옳은지 틀리는지를 검토하지 않고 생각이나 암시의 뜻을 따라서 반응한다.

예를 들면 우리가 어떤 일에 대해 의식적으로 진실이라고 받아들인다면, 비록 그것이 틀렸다 할지라도 잠재의식에서는 그것을 진실로 받아들이고, 그것에 따라서 필연적으로 결과를 만들기 시작한다. 우리의 잠재의식이 그것을 진실이라고 받아들이기 때문이다. 즉 무엇을 생각하느냐, 무엇을 느끼느냐, 무엇을 믿느냐가 결국 우리를 만든다.

위대한 발명가 토머스 에디슨은 무의식의 힘을 이용한 사람이다. 그는 세계에서 가장 많은 발명을 했으며 2주에 하나씩 특허를 내서 1,093건의 특허를 획득한 인물이었다. 그의 비결은 무엇이었을까?

에디슨은 기발한 아이디어를 얻기 위해 자신의 무의식을 활용하는 법을 깨우친 사람이었다. 그는 종종 의자에 앉아 양손을 옆으로 늘어뜨리고 머릿속에 자신이 얻고 싶은 해답에 대한 질문을 떠올린 후 선잠을 잤다. 이때 양손에는 쇠구슬을 하나씩 쥐고 양손 바로 아래에는 양철로 된 접시를 하나씩 놓아두었다. 가수면 상태에 빠지면 양손이 이완되고, 손에 있던 쇠구슬이 떨어진다. 떨어지는 쇠구슬로 접시가 덜컥거리는 소리에 깨어나면 에디슨은 그 순간 떠오른 생각을 그것이 무엇이든 종이에 적었다. 그 무의식에서 떠오른 생각들을 기반으로 세계 역사를 바꾼 위대한 발명들을 이루어냈다.

우리가 알고 있는 에디슨의 명언 중 "천재는 99%의 노력과 1%의 영감으로 이루어진다"는 말이 있다. 사실 에디슨이 한 말은 명언과는 반대되는 이야기였다. "최초의 영감이 좋지 않으면 아무리 노력을 해도 소용이 없습니다. 무턱대고 노력만 하는 사람은 에너지만 허비하는 것과 같지요." 그러나 인터뷰를 한 신문기자는 이 내용을 잘못 보도했고 우리는 지금까지 에디슨의 명언으로 잘못 알게 된 것이다.

하버드 경영 대학원 교수이자 무의식 마케팅의 선구자인 제럴드 잘트먼은 1990년대 이후 가장 강력한 징성 마케팅 조사 도구인 '잘트먼 기법(ZMET)'을 만들었다. 잘트먼 기법은 소비자에게 그림과 사진을 보여주고 연상을 유도하는 '은유추출기법'이다. 이 기법은 인간 사고 중 95%는 무의식에서 발생한다는 전제에서 출발한다. 소비자 무의식을 일깨우는 대표적인 사례는 음료 마케팅이다. 잘트먼 기법으로 조사한 바에 따르면 소비자들은 음료가 북극곰과 함께 등장하면 시원한 음료를 연상하고 코알라와 함께 등장하면 따뜻한 음료를 떠올린다고 한다. 코카콜라 광고가 시원함을 강조하기 위해 북극곰과 함께 등장하는 이유이다. "이런 식으로 소비자 무의식 속에 있는 은 유와 이미지를 파악해 공략한다. 즉 '마음 시장'을 공략하는 방법이 매출을 끌어올리고 잊혀가던 상품도 부활시킬 수 있다"고 잘트먼 교 수는 말한다.

버지니아 대학교 심리학 교수 티모시 윌슨은 "매초마다 사람이 받 아들이는 정보는 1100만 바이트, 그중 의식이 처리할 수 있는 용량은 단 0.000004%인 44바이트 수준이다. 우리의 의식은 빙산 위의 눈덩 이에 지나지 않는다"라고 말했다.

이처럼 무의식은 우리의 행동에 강력한 영향력을 행사한다. 우리 의 모든 행동이 의식적인 수준에서 이루어졌다고 생각하면 오산이 다. 생각과 감정이 일어나게 된 더 큰 근원이 바로 무의식이다. 따라 서 무의식을 바꾸게 되면 자연스럽게 생각과 감정이 달라진다. 생각 이 달라지면 행동이 달라지고, 행동이 달라지면 삶이 달라진다. 자신 이 원하는 자신의 모습을 무의식에 새기게 되면 현실에서 원하는 목 표를 달성하기 위한 길을 보다 쉽게 만날 수 있다. 의식적으로 그리 는 목표보다 무의식 속에서 그리는 모습이 현실이 될 확률이 훨씬 높 다. 그렇다면 이러한 무의식의 변화는 어떻게 끌어낼 수 있을까?

《당신의 소중한 꿈을 이루는 보물지도》의 저자 모치즈키 도시타카 는 다음과 같이 이야기한다. "사람들은 태어나서 성인이 될 때까지 20년 동안 보통 가정에서 14만 번 이상의 부정적, 소극적, 파괴적인 메시지를 샤워기의 물처럼 받고 삽니다. 하루 평균 20회 정도 듣는 이런 메시지들은 어느새 그 사람의 말하는 습관, 버릇, 사고 습관이 되어버립니다. 그 결과 18만 번 이상의 생각과 사고가 빠르게 머릿속을 지나가게 되고, 대부분 자동적으로 프로그램화되면서 결국 부정적이고 소극적인 일에 지배당하는 사람들이 늘어나게 됩니다."

무의식의 변화를 이야기하는 수많은 책에서 언급하고 있는 다양한 방식들은 단 두 가지로 요약된다.

첫 번째는 시각화이다. 자신의 원하는 모습을 머릿속으로 그림을 그리듯이 상상해야 한다. 자신이 꿈꾸는 장면을 영화를 보듯이 머릿속에서 끊임없이 재생시켜야 한다. 대신 조건이 있다. 반드시 무대의 관찰자가 아니라 배우의 역할로 서야 하는 것이다. 원하는 소망이 이루어진 장면 속에 직접 들어가서 원했던 것을 만지고 보고 듣고 느껴야 한다. 정말로 존재하는 것처럼, 자신이 원하는 자신의 모습을 생생하게 상상해야 한다. 상상을 하는 이유는 무의식의 변화를 위해서이다. 무의식은 의식이 짐들었을 때 가장 활발하다. 가장 좋은 타이밍은 잠들기 전과 잠에서 깬 직후이다. 의식과 무의식의 경계가 흐려지기 때문이다. 이때 의도적으로 원하는 자신의 모습을 상상하게 되면 무의식의 변화를 이끌 수가 있다.

다만 자신의 소망을 상상했을 때 자신의 기분을 잘 살펴야 한다. 원하는 모습을 상상했는데도 전혀 기쁘지가 않다면 그것은 진정한 자신의 소망이 아닐 수도 있다. 자신만의 소망, 목표를 찾는 것은 중요하다. 심장이 두근거리고, 저절로 입꼬리가 올라가게 만드는 자신만의 '그 무엇'을 찾아야 한다. 그리고 상상해야 한다.

두 번째는 청각적 자극이다. 앞서 눈으로 그림 그리듯 상상하는 방법을 이야기했는데, 이번에는 청각적으로도 이러한 자극을 반복하는 것이 중요하다.

일본 최고의 백만장자이며 최고의 납세자로 꼽히는 사이토 히토리는 '소원이 이루어지는 방법'으로 처음부터 소원이 이루어진 것을 가정하고 미리 고맙게 생각하라고 말한다. "나는 행복해. 해서는 안 되는 일이란 없어. 하지 않으면 이룰 수 없는 거야", "나는 풍족해"라고 반복해서 말하면 행복은 저절로 따라온다고 말하고 있다. 또한 그는 생각하고 있는 것을 계속 말로 표현해서 이루어지기까지 그 수는 천 번이라고 한다. 항상 긍정적인 말을 하면 긍정적인 일들이 생긴다. 그 이유를 이 세상에서는 '어울리지 않는 일'이 발생하지 않기 때문이라고 한다. 긍정적이고 행복해하는 사람에게는 행복한 일들만 따라온다. 말은 하나의 파동으로 비유할 수 있다. 좋은 말을 하면 좋은 파동이 형성되어 그와 유사한 파동을 가진 사람을 끌어당기고, 그와 유사한 좋은 일들이 생기게 된다고 한다.

필자가 담임을 맡았던 학급의 한 학생과 상담을 한 적이 있었다. 상담 과정에서 학생의 아버지는 현재 암으로 투병중이시고, 본인은 척추측만증이 심각한 상태라는 것을 알게 되었다. 이제 갓 고등학교에 입학해서 많은 학생들이 학생생활이나 성적 문제에 대한 불안을 토로하던 시기에 이 학생은 달랐다.

"아버지가 편찮으시지만 조금씩 회복하고 계시고 나아지실 거라고 믿어요. 부모님은 저에게 비밀로 하셨지만, 우연히 전화 통화를 듣게 되어 알게 되었어요. 처음에는 놀라고 힘들기도 했는데, 지금은 괜찮아요. 아버지가 일 때문에 그동안 과로를 많이 하셨는데 지금은 여행도 많이 다니시고 담배도 끊으셔서 좋은 것 같아요. 저도 허리가 안 좋은데 병원에서는 척추측만증이 심하다고 했어요. 그래서 나중에 수술을 할 거예요. 수술하면 되니까 지금은 별로 걱정하지 않아요. 같은 반 친구들이 입학해서 처음 고등학교 생활을 시작하니까 많이 불안해 하는 게 느껴져요. 저는 원래 적응을 잘하는 편이라……. 저도 조금은 걱정이 되긴 하지만 그래도 열심히 하면 되지 않을까 싶어요."

대화하는 내내 밝고 강한 에너지가 느껴졌다. 웃으며 이야기하는 모습을 보면서 이 학생이 앞으로 잘될 것이라는 확신이 들었다. 이런 공찰친들과 상담을 하고 나면 필자가 오히려 그들의 넘치는 에너지에 고무되는 일이 생기기도 한다. 그들의 긍정적이고 밝은 매력에 흠뻑 취해 이야기를 나누다 보면 함께 에너지가 상승되는 느낌이 든다.

상담 후 나중에 성적을 확인해 보니 역시나 입학 성적이 전교 5등이었다. 이 고등학교는 중학교 성적 최소 상위 3% 이내의 학생들이 입학하는 곳이었다.

"사람들은 다른 사람의 열정에 끌리게 되어 있어. 왜냐하면 자신이 잊은 것을 상기시켜 주니까"라는 영화 〈라라랜드〉 속 대사처럼 열정이 있는 사람들과의 대화 끝에는 항상 기분 좋은 느낌이 남는다. 그들만의 밝은 에너지가 주변까지 전염되어 좋은 에너지를 나누어 주기 때문이다. 자신의 미래를 긍정하고 자신을 긍정하지 않는 학생, 소망을 품지 않는 학생은 공부를 잘할 수 없다. 공부를 못해서 소망이 없고 부정적인 것이 아니다. 행복한 미래를 상상하고 긍정적인 말을 하고, 밝은 태도로 세상을 바라볼 줄 안다면 공부는 자연스럽게 잘될 것이다.

예외는 없었다. 필자가 만난 공잘친 모두는 각자의 방식으로 주문을 외우고 있었다. 자습실 책상 위에 붙여진 수많은 포스트잇들, 자신을 위로하고 격려하는 메모 조각들 등 저마다 특별한 방법이 있다. 규칙이 있는 것은 아니다. 공부 시작 전 잠시 눈을 감고 명상을 할 수도 있고, 예쁜 일기장에 자신을 격려하는 글을 한 줄 쓰는 것도 좋다. 감명을 준 명언 한 줄을 천천히 음미해도 좋고, 자신에게 힘을 불어넣는 음악을 듣는 것도 좋다.

자신만의 소망을 생생하게 그리고 이미 이루어진 것처럼 말하면 반드시 원하는 미래가 찾아온다. 공부하기 싫은 순간이 오면 하지 않아도 좋다. 성공이 반드시 노력에 비례하는 것만은 아니기 때문이다. 행동과 실천 없이 저절로 이루어지는 일은 없지만 반드시 죽도록 애를 써야 이루어지는 것도 아니다. 그러나 확실한 것은 믿지도 않으면서 이루어지는 소망은 없다는 것이다.

탁해진 마음에 맑은 물을 부어 넣는 일이 바로 자신만의 주문을 외우는 일이다. 내적으로 맑고 밝은 에너지는 꼭 공부가 아닌 다른 그 무엇이라도 하고 싶은 열정으로 가득 차게 만들 것이다. 무엇이든 해낼 수 있을 것이라는 강력한 에너지가 생기면, 성공 또한 자연스러운 것이 될 것이다. 사람은 진실에 반응하는 것이 아니라 '그렇다'라고 생각하는 것에 반응한다. 원하는 미래를 상상하고 원하는 미래 속에 자신의 모습으로 현재를 살아간다면 그 무엇을 원하든 반드시 이루어질 것이다. 그것이 NLP 신경언어 프로그래밍(Neuro-linguistic Programming)의 핵심이다.

집중하고 싶다면
삭제! 삭제! 삭제!

집중력 UP : 심플함을 추구하라

세상은 헛소리 공장이다. 세상은 이성적인 당신보다 훨씬 더 오래 비이성적으로 남을 것이다.
그러므로 소수의 가치 있는 것들을 선별하는 데 신경을 쓰고, 다른 건 모두 제쳐버려라.
—롤프 도벨리

생각의 심플함

만찬의 한 장면을 살펴보자. 음식은 전통의 소박한 음식에 가깝지만, 손님들은 상
당히 엄선된 사람들이다. 그중 워런 버핏과 빌 게이츠도 참석하고 있었다. 빌 게이
츠가 좌중을 둘러보며 물었다.

"삶에서 당신들이 이룬 것을 가능케 한 가장 중요한 요인은 무엇이었습니까?"

그러자 버핏은 대답했다.

"집중(focus)."

그의 대답에 빌 게이츠도 맞장구를 쳤다.

'주목', '주의력'이라고도 표현할 수 있을 이 능력은 중요하지 않은
것을 배제하는 매우 중요한 능력이다. 심리학자 폴 돌런은 "당신이

주의력을 활용하는 방식이 당신의 행복을 결정한다"고 말한다. 긍정적인 것이든 부정적인 것이든 같은 일이라도 거기에 얼마나 많은 주의력을 할애하느냐에 따라 행복에 전혀 영향을 못 미칠 수도 있고, 작은 영양에서 강한 영향까지 미칠 수도 있다.

우리는 눈만 뜨면 온갖 정보의 포화 속에 노출된다. 문자, 카톡, 전화, 이메일, 페이스북, 트위터, 인터넷, TV, 전광판의 광고들, 스마트폰에 저장된 각종 어플……. 모두가 우리의 주의력을 끌고자 애쓴다. 이들은 흥미로운 이야기들을 공급해 주고 좋은 것들을 제안하며 우리에게 구애하고 비위를 맞춘다. 하지만 좀 더 깊이 살펴보면 우리는 그 속에 조종되는 노예이자 꼭두각시다. 그것에 부응하는 순간 우리는 주의력과 시간, 돈을 지불하고 있는 것이다. 사실 이 모든 제안들은 선물이 아니라 약탈 행위이다. 주는 것이 아니라 가져가는 것이다. 이 혼란스러운 현실 속에서 자신에게 무엇이 중요하고 의미 있는지를 가려내서 깔끔하게 골라낼 수 있는 능력이야말로 워렌 버핏이 말한 '포커스'가 된다.

우리는 복잡한 세상을 살고 있다. 필자가 지켜본 공잘친의 공통적인 성향 중에 하나는 사고가 심플하다는 것이다. 학교생활을 하게 되면 아이들은 많은 생각과 선택을 강요당한다. 그 많은 생각과 선택의 문제에서 대부분의 공잘친은 자신만의 기준이 있다. 그렇기에 생각과 선택이 명료하고 심플하다. 한마디로 '포커스'가 잘 된다. 공잘친들은 생각이 없는 것이 아니라 불필요한 생각이 많지 않다. 깊이 생각하는 것도 좋고 많이 생각을 하는 것도 좋다. 다만 그것은 어디까지나 어떤 결정이나 선택을 하기 전에 그렇다는 것이지, 이미 결정한 일에 대한 태도는 항상 간단명료하다.

학기 초가 되면 학급에서는 학생 대표를 뽑는다. 이 과정에서 많은 학생들이 도전한다. "선거에 나가서 떨어지고 해도 괜찮아요. 어차피 결과는 제가 어떻게 할 수 없는 거니까요. 그래도 이번 선거를 위해 열심히 준비했어요. 저는 노력해서 바꿀 수 있는 부분은 열심히 하는데, 노력해도 어찌할 수 없는 부분에 대해서는 별로 길게 고민하지 않는 성격입니다." 지금 현재 우리 반의 반장을 맡고 있는 학생이 선거 전에 필자에게 한 말이다. 이렇듯 공부 잘하는 아이들은 자신의 생각과 감정이 불필요하게 낭비되는 것을 피한다.

지나치게 다양한 선택지는 사람을 피로하게 만들기도 한다. 상황에 따라 끊임없이 새로운 결정을 내려야 하는 사람은 의지력이 상당히 소진된다는 것이다. 이를 학문적인 용어로는 '의사결정의 피로감(decision fatigue)'이라고 한다. 너무 많은 결정을 내리다가 피곤해진 두뇌는 나중에는 가장 편안한 버전으로 결정해버리는, 그 결정은 대부분 최악일 때가 많다.

공잘친은 서두에서 밝힌 대로 생각이 단순하고 생각이 없는 것이 아니다. 어쩌면 그들이야말로 무엇이 불필요한 생각인지에 대해 정말 많은 생각을 했을 수도 있다. 무엇이 할 필요가 없는 생각들일까? 상담 과정에서 대부분의 공잘친들이 길게 고민하지 않는 부분들을 발견했다. 그들이 고민에서 배제시킨 생각들은 주로 타인의 시선, 도전한 일에 대한 결과, 지나간 과거의 일 등이었다. 이 똑똑한 아이들은 자신의 현재와 미래를 위해 어떤 생각을 할 필요가 없는지를 벌써 알아챘다.

그들은 열심히 노력은 하면서도 자신이 어찌할 수 없는 일의 결과에 대해서는 더 이상 생각을 하지 않았다. 또 과거의 실패했던 일에 대해 지나친 의미부여나 자기 연민을 크게 드러내지도 않았다. 과거 힘들었던 일들에 대해서는 생각과 감정 정리가 깔끔했다. 실패의 원인을 찾고, 좋은 경험이라는 생각으로 단정하게 과거를 정리하는 능력은 대부분의 공잘친들에게 발견되는 특징이다. 즉, 그들은 자신의 생각을 잘 청소하고 정리할 줄 안다. 무슨 생각을 그만해야 할지, 무슨 생각을 계속해야 할지, 무슨 생각은 어떻게 정리해서 넣어야 할지를 알고 있다.

그렇다면 왜 생각을 정리하고 청소해야 할까? 그렇게 해야만 집중력이 높아지고, 좀 더 의미 있는 일에 에너지를 쓸 수 있기 때문이다.

공부를 하는 동안 다른 생각이 시작되면 어느 순간 홀리듯, 생각에 생각이 꼬리에 꼬리를 문다. 한참 의미 없는 공상에 빠지다가 정신을 차린 기억이 한 번쯤은 다들 있을 것이다. 이러한 상황을 두고 흔히 '집중력이 떨어진다'라고 말한다. 상담을 해 보면 많은 학생들이 '요즘 집중력이 자주 떨어지고, 집중력이 부족한 편이라 공부를 해도 능률이 잘 오르지 않는다'며 고민을 토로한다. 반대로 공잘친들은 대부분 자신의 장점을 이야기할 때 '제가 집중력이 좋아서……'라고 말하며 집중력을 자신의 장점으로 언급한다.

공잘친들이 집중력이 높은 이유가 바로 생각을 심플하게 정리하기 때문인 것이다. 집중력을 높이는 첫 단계가 중요하지 않은 것들을 생각 쓰레기통에 집어넣는 것이다. 생각과 감정의 찌꺼기들을 잘 버리고 잘 정리한다면 자연스럽게 집중력이 높아질 것이다.

환경의 심플함

수험생에게는 환경도 심플해야 한다. 깔끔하고 정돈된 주변 환경은 심리적으로 긍정적인 영향을 미친다.

이 글을 읽고 있는 독자가 학부모라면, 사실 학업 성적의 향상을 위해 아이 방의 인테리어를 달리 해 주는 것만으로도 큰 효과가 있을 수 있다는 사실을 알 필요가 있다. 지저분한 수납장, 여기저기 흩어진 책, 방에 뒹구는 일상의 여러 가지 생활용품들, 정돈 안 된 침구, 낡은 벽지, 낡은 책걸상, 어두운 조명……. 이 모든 것들이 아이들이 집중할 수 없는, 그래서 공부하고 싶지 않게 만드는 이유 중 하나이다. 사소한 이유라고 할 수 없다. 적어도 공부하는 공간에 대해서 가지는 느낌과 선호도는 존중해 주어야 한다. 공부를 좋아하기 위해서는 공부하는 공간에 대해 좋은 이미지를 가지고 있어야 한다. 좋은 공간이 주는 기분 좋은 느낌들을 공부라는 행위와 결부시킬 수 있기 때문이다.

공부할 때의 주변 환경이 밖을 내다볼 수 있는 조망일 경우 성과가 더욱 크다고 한다. 카페에 가면 커다란 유리창 앞 테이블에 항상 사람들이 먼저 자리를 차지하는 이유가 바로 그것이다. 특히 회사의 경우 창문 가까이 앉는 직원들은 그렇지 못한 직원들에 비해서 연간 300만 원에 해당하는 생산성이 더 증가한다는 연구 결과도 있다. 또 다른 연구에 의하면 창문이 있는 곳에서 일하는 사람은 창문이 없는 실내에서 일하는 사람보다 하루 평균 수면시간이 46분 더 길다고 한다. 또 화분이나 화단과 같이 주변에 자연환경이 많으면 우리의 관심을 끌면서도 매우 적은 주의력을 필요로 한다.

즉, 자연환경 속에서는 정신을 딴 데 팔 수 있는 자유가 생긴다. 심리학자들은 이 상태를 '부드러운 매혹(soft fascination)'이라고 부른다. 결과적으로 기분이 전환되고 정신 에너지가 충전되어 기억력과 창의성이 증대된다. 뇌는 환경 속의 신호에 반응한다. 주변 환경에서 편안함을 느끼지 못할수록 인지자원(cognitive resource)을 제대로 사용할 수 없게 된다는 것이다.

애플 스토어를 방문해 본 사람은 다른 전자제품 매장에서 경험하는 것과 다르다는 것을 알아 차릴 수 있을 것이다. 우선, 애플 스토어는 인테리어 장식이 전혀 흐트러짐 없이 깔끔하다. 그리고 고객은 중간 과정을 거치지 않고 곧바로 애플 제품을 구매할 수 있다. 계산대로 가서 구매하지 않아도 되므로 길게 줄을 설 필요도 없다. '지니어스'라고 불리는 직원들은 고객의 옆에서 휴대용 단말기로 바로바로 결제해 준다. 이처럼 애플 스토어 디자인의 모든 측면은 브랜드 이미지를 반영한다. 바로 '심플함'이다. 환경이 깔끔하면 그곳에 비치되어 있는 물건, 그곳에 일어나는 행위에도 그 깔끔한 이미지가 덧씌워진다.

이처럼 효과적으로 공부할 수 있는 공간을 확보하는 방법도 하나의 전략이자 계획이다. 자신에게 적합하고 가장 효과적으로 학습에 몰입할 수 있는 곳을 찾아야 한다. 공부를 잘하지 못하는 이유는 여러 가지가 있겠지만 그중에서도 '공간' 또는 '물리적 환경'은 매우 중요하게 고려해야 할 요소이다. 불쾌하고 산만함을 유발하는 환경에서는 아무리 효과적인 학습계획을 수립한다 하더라도 100%의 성과를 달성하지 못한다. 사실 공부 방법에 관해서는 공통된 비결이 있을 수도 있겠지만, 공부가 잘되는 공간적 환경 요소에 관해서는 정답은 없다. 우리가 시간을 가지고 세심하게 계획을 짜듯이, 공간에 대해서도 개인적인 느낌과 선호를 고려하여 자신에게 맞는 환경을 선택하고 만들어 나가야 한다.

정서의 심플함

환경에는 물리적, 공간적인 환경뿐만 아니라 정서적인 부분 또한 중요하다. 예를 들면 가정의 경제적 형편이 어렵다고 해서 그러한 환경에서 공부하는 학생이 공부를 못할 것이라고 추측할 수는 없다. 그러나 그러한 경제적인 어려움으로 인해 가족 간의 갈등이 높고, 우울한 정서적 환경을 만들고 있다면 성적이 낮을 확률이 높다. 가정에서 발생하는 여러 가지 문제들은 심리적, 정서적으로 불안을 만들고, 학습에 집중할 수 없게 만든다. 가정에서 경제적으로 여유 있게 학습지원을 해 주지 못하는 것은 상관없지만, 정서적 안정감을 제공해 주지 못한다면 결코 좋은 성적을 기대할 수 없다.

그러려면 주변에서도 많은 노력을 해야 한다. 예를 들면 가정에서 일어나는 일 중에서 부정적인 사건이나 사소한 갈등들을 일일이 학생에게 알릴 필요가 없다. 앞서 밝힌 대로 생각이 많고 자극에 예민한 아이들의 경우에는 부모가 예상치 못한 사소한 부분에서도 상처받고 혼자 고민한다. 또 이런 아이들은 지극히 책임감과 도덕의식이 강한 경우가 많아서 홀로 복잡한 가정사를 자신의 문제로 끌고 들어와 끙끙거리고 있을 수도 있다.

자녀가 공부에 집중하기를 원한다면 부모 또한 감정의 절제가 필요하다. 아이들은 성인이 되면서 부모의 삶과 생각에서 자신만의 삶과 생각으로 점차 분리해 나가며 정체성을 만들어간다. 그러나 아직 청소년이기에 이러한 분리가 완전하지 않은 상태에서는 부모의 감정적 문제를 자신의 문제로 받아들이는 경우가 종종 있다. 특히 부모가 감정의 기복이나, 불안한 정서를 가지고 있다면 이보다 더 아이들에게 해로운 것은 없다. 부모가 느끼는 불안을 아이도 고스란히 느낀다.

그러므로 수험생 부모는 아이 앞에서 감정과 정서를 다소 간결하고 일관성 있게 드러내는 것이 좋다. 그리고 그보다 더 중요한 것은 부모 스스로가 삶에 만족과 안정감을 느끼며 사는 모습을 자녀들에게 보여주는 것이다. 그것이야말로 불안감을 느끼는 수험생에게 심리적 안정감을 줄 수 있는 최고의 처방이 될 것이다.

마음에 쏙 드는
플래너를 사야 하는 이유
최고의 전략 작심삼일 플랜

계획은 의미 없다. 단지 계획을 세우는 과정이 의미 있을 뿐이다.
— 아이젠하워

시험을 위한 입시 공부는 전략싸움이다. 시험이라는 것 자체가 시간제한이라는 전제 속에서 과제를 해결하는 것이기 때문이다. 시험 공부가 힘든 이유는 공부해야 하는 '양'이 많아서가 아니다. 많은 내용을 모두 받아들일 '시간'이 없다는 것이 문제다.

아무리 어렵게 느껴지더라도 학교 교육과정안에서 제시되는 학습 내용은 누구나 성취할 수 있는 내용들로 구성된다. 단, 시간 제한이 없다면 말이다. 시간에 제한을 두고 공부해야 하기 때문에 우리는 효율을 항상 염두에 두어야 한다. 무엇을 먼저, 어떻게, 얼마 동안 공부할지에 관해 일종의 전략을 세울 필요가 있다.

시험 공부를 하다가 호기심이 생겨서 재미있다고 생각되는 부분을 깊이 공부하거나 또는 시험 범위가 아닌 다른 영역으로 호기심을 확장해 나간다면 좋은 결과를 얻을 수 없을 것이다. 즉, 시험 공부는 범위 내에서 최대한 얕고, 넓은 기술적인 공부해야 한다. 지나치게 깊이 공부할 필요가 없다. 문제출제가 되는 수준 정도로만 깊이 공부하면 된다. 따라서 열심히 하는데도 성적이 안 나오는 이유는 시험을 위한 공부가 아니라 '학문'을 하고 있기 때문일 수도 있다. 방향도 깊이도 모른 채 막연히 '그냥 열심히 하면 되겠지'는 실패할 확률이 높다.

공부할 때 계획(전략)을 세워야 하는 순간은 두 가지다.

첫째는 공부가 하기 싫을 때이다. 공부가 하기 싫을 때 공부 계획을 세운다는 것이 자칫 모순되게 보일 수도 있다. 우리가 공부가 싫은 이유는 노력한 만큼 성과가 나타나지 않을 때이다. 순전히 자신의 능력이 부족해서만은 아니다. 효과적인 계획(전략)을 세우지 못해서이기도 하다. 공부를 처음부터 싫어했던 것은 아닐 것이다. 했는데 성과가 나오지 않기 때문에 답답하고, 계속 열심히 해야 할 이유를 찾지 못하기에 공부가 하기 싫은 것이다.

둘째는 방향을 잃었을 때이다. 어디로 가야 할지 앞이 안 보이면 더 이상 걸을 수 없고 걷기도 싫어진다. 앞이 보이기 시작하면 자연스럽게 앞으로 나가게 되어 있다. 앞으로 나아갈 수 있다는 희망을 스스로에게 부여하는 것이 바로 계획 수립이다. 어떤 공부를 먼저해야 할지, 어떻게 공부해야 빠르게 할 수 있을지, 무엇을 선택해서 공부해야 할지 등이 모호할수록 계획 수집은 꼭 필요하다. 방향을 제대로 세우고, 제대로 된 방향으로 가고 있는지 지속적으로 체크할 수 있게 해 준다.

계획이란 미래를 설계하는 일이며, 지금의 현실을 객관적으로 분석하는 일이다. 불편한 진실과 마주해야 하고, 절망 속에서 희망을 걸러내는 힘든 작업이다. 따라서 무엇을 계획했느냐보다, 계획을 세운다는 그 자체가 중요한 일이다.

계획은 일단 현재 상태에 대한 분석과 비판에서 출발할 수 있다. 자신의 현재 상태를 냉정하게 객관화한다는 것. 사실 그것만으로도 충분히 의미 있는 행위이기 때문에 계획은 자주 생각해 볼수록 좋은 것이다. 좋은 계획이든, 나쁜 계획이든, 단기적 계획이든, 장기적 계획이든, 어쨌든 계획을 세우기 위한 과정 그 자체가 의미 있는 일이다. 또한 계획을 세우는 동안만큼은 우리는 희망 속을 헤엄처 다닐 수 있다. 계획을 달성한 자신의 모습을 자연스럽게 상상하게 되면서 부푼 희망과 열정 속에서 강한 에너지를 얻게 된다. 계획이 달성되는 순간을 상상하는 것만으로도 힘이 솟을 것이다.

사실, 계획한 내용이 얼마나 가치 있느냐는 중요하지 않다. 대신 그 자체로 강한 실천 동기를 만들어 준다. "자! 그래, 이렇게 한번 해 보는 거야!" 하며 벌떡 일어날 수 있는 에너지를 만들어 내는 것이 중요하다. 어찌보면 계획이란, 계획을 세우는 그 과정에서 느끼는 상승된 에너지를 얻는 것이 목적일 수 있다. 그때의 좋은 기분을 놓치지 않고 에너지를 얻는 것만으로도 '계획 세우기'는 의미 있다는 뜻이다.

계획을 세워도 계획한 대로 모든 일을 잘 실천하기란 쉽지 않다. 특히 학습 계획은 지켜지기가 더욱 쉽지 않다. 공부라는 것이 기계적인 사고과정이 아니기 때문이다. 그렇다면 세운 계획을 잘 달성할 수 있으려면 어떻게 해야 할까? 사실, 가장 쉬운 방법은 계획의 난이도를 낮추는 것이다. 교육학에서는 지속적인 계획 실패가 학습의 무기력과 좌절감을 주기 때문에 성취 가능한 수준에서 작은 성취 목표를 계획하는 것이 좋다고 한다. 성취 가능성이 높은 작은 목표들로 잘게 쪼개어서 계획을 세우고, 하나씩 이루어 가다 보면 학습 의욕과 만족감이 확대되어 학습효과가 커질 것이라는 이야기이다.

물론 타당한 설명이다. 그러나 지나치게 쉽게 성취 가능한 계획은 '계획하기'라는 행위가 낳은 긍정적인 에너지를 주지 못한다. 어쩌면 쉽게 달성 가능한 계획은 이미 계획이 아닐 수 있다. 계획이란, 성취가 어려운 것을 성취 가능하게 만드는 하나의 전략이다. 이러한 전략이 그저 쉽기만 하다면 이미 그것은 계획이 아니라 그저 일의 순서를 나열한 것에 지나지 않을지도 모른다. 궁극적인 최종 목표가 계획을 실천하는 것인지, 원하는 성적을 받는 것인지를 구분할 필요가 있다.

계획한 목표는 달성하지 못하더라도 공부에 열정을 느끼고, 공부하고자 하는 강한 의욕을 불러일으켰다면 이것이야말로 목표달성이다. 따라서 단순히 계획을 실천하는 것에만 초점을 두고 지나치게 달성하기 쉬운 계획을 세우는 것은 무의미하다. 즉, 지나치게 높은 목표도 안 되지만 지나치게 낮은 목표도 안 된다.

목표는 살짝 거창하게 세워야 한다. 살짝 무모하게 세워야 의미가 있다. 그 무모함이 실제로 달성되었을 때 불러올 기쁨을 미리 느껴보기 위해서라도 계획을 부풀릴 필요가 있다. 계획은 위로 보고 만드는 것이다. 지나치게 수평적으로(현실성), 지나치게 바닥을 보고(실패를 예상하고) 만드는 계획은 계획이 아니다.

그렇다면 이렇게 세운 계획이 실패했을 경우에 어떤 마음을 가져야 할까? 오늘은 수학문제를 20개를 풀고, 영어단어를 50개 외우기로 했다. 그런데 달성하지 못했다. 좌절감과 패배감이 밀려온다. 목표달성에 실패했다고 저런 부정적인 감정을 느낄 바에야 차라리 아무런 계획을 세우지 않는 편이 차라리 나았을 수도 있다. 이럴 땐 어떻게 해야 할까?

앞장에서도 밝혔듯이 공부하면서 느끼는 부정적인 감정들을 스스로 잘 통제해야 한다. 부정적인 감정은 공부의 적이다. 부정적인 감정은 전두엽의 활성도를 떨어뜨린다. '나는 해도 안 되나 봐. 내가 그렇지, 뭐. 또 계획한 대로 공부를 못했어. 넌 이렇게 늘 실천력도 없고. 의지도 약해'와 같은 생각들을 의식적으로 배제하는 연습을 계속해야 한다.

또한 처음부터 계획한 목표를 달성하는 데 지나친 의미를 두어서는 안 된다. 즉, 계획을 세우되 언제든지 목표달성이 실패할 수 있다는 것도 염두에 두어야 한다. 늘, 목표가 계획대로, 예상대로, 방해 없이 진행될 수 있다면, 우리는 최적의 출발상태, 즉 설정(set-up)에만 신경 쓰면 된다. 계획이 그토록 쉽게 달성될 수만 있다면 모든 것을 완벽하게만 설정해 놓으면 될 것이다. 실패는 늘 있다는 점을 인정하는 것이 중요하다. 반드시 달성해야 한다는 압박 따위는 계획에 포함시키지 말아야 한다.

누가 강요한 것도 아닌데 스스로 만들어 놓은 틀에 자신을 가두고, 계획대로 목표 달성을 못 했다고 스스로를 질책하는 것은 좋지 못하다. 계획을 수정하거나, 다시 계획을 새롭게 세우는 것이 실패와 실수를 의미하지는 않는다. 실패하면 다시 계획을 세우면 된다. 또 노력했는데도 실패할 수 있다. 그럼 쿨하게(?) 다시 계획을 세우는 것이다. 다만 그 과정에서 자신이 무엇 때문에 실패했는지에 대한 분석은 필수적이다. 왜 실패했는지만 분석하면 된다. 계속해서 계획을 세우고 실패라도 하는 사람이 아무런 계획 없이 공부하는 사람보다 훨씬 나은 결과를 맞이할 것이라고 확신한다.

그러므로 작심삼일을 해 보자. 계획이 실패로 돌아갈 때마다 다시 또 계획을 세우는 것이다. 계획을 세우는 목적은 계획을 달성하기 위함이라고 생각하겠지만, 계획을 세우는 행위 자체가 사실 진짜 목표다. 계획대로 실천하지 못했다고 자책할 필요가 없다. 끊임없는 작심삼일이 반복되면, 그것이 바로 최종 목표 달성이다. 단, 전제가 있다. 계획을 달성하지 못했다 하더라도 면죄부를 받을 수 있는 유일한 조건이 있다. 이 조건만 지킨다면 계획은 어긋나도 좋다. 계획은 다시 세우면 되기 때문이다. 이것은 무엇일까?

정답은 '최선을 다하는 것'이다. 스스로 '나는 최선을 다했나?'라는 질문 앞에 당당해질 정도로 열심히 했어야 한다. 스스로에게 부끄럽지 않을 정도로 하면 된다. 사실 그것이면 면죄부로서 족하다. 조금 더 할 수 있었음에도 관두고 포기한 것인지, 정말 할 수 있을 만큼 최선의 노력을 기울인 것인지는 자신만이 안다.

지금 공부하기 싫다면 플래너를 꺼내자. 볼 때마다 기분이 좋아질 만큼 마음에 쏙 드는 멋진 플래너를 펼치고 미래를 상상해 보자. 계획을 세우기 위해 고민하는 동안 갑자기 공부하고 싶은 열정이 솟구칠 것이다. 왜냐하면 희망이 조금씩 보일 거니까. 그게 전부다. 그 열정, 그 에너지를 낚아채라. 그것이 바로 계획을 짜는 진짜 목적이다.

문제를 몰라서 틀리는 것인가,
쫓겨서 틀리는 것인가?
모의고사를 위한 공부 스킬

승자는 시간을 관리 하며 살고 패자는 시간에 끌려 산다.
—J. 하비스

수능 시험에서 국어 영역의 경우 80분에 45문제를 풀어야 하고 수학은 100분 동안 30문제, 영어의 경우 70분 동안 45문제를 풀어야 한다. 탐구 영역은 선택 과목에 따라 30분 동안 20문제를 풀어야 한다. 모든 문제의 수를 합치면 대략 160개 내외다. 이 많은 문제들을 우리는 제한된 시간 속에 풀어내야 한다.

수능 또는 모의고사를 대비하여 평소 문제를 풀 때는 각각의 문제 옆에 타이머(시계)가 돌아가고 있다고 생각해야 한다. 즉, 문제는 항상 시간이라는 옵션이 걸려 있다. 그러나 중요한 것은 실제 모의고사나 수능을 칠 때는 지나치게 시간을 의식하지 말아야 한다. 한 문제 한 문제를 풀 때마다 시간을 의식하면서 풀게 되면 집중하지 못한다.

‘30분 남았네’, ‘10분 남았네’와 같이 대략적으로 큰 시간만 중간중간 체크하고 모든 것을 잊고 문제에 몰입해야 한다. 평소 시간을 재면서 문제를 푸는 연습을 하게 되면, 실전에서 시간에 쫓기거나, 시간을 의식하면서 집중하지 못한다거나, 시간 때문에 긴장하는 일 없이 최대한 집중할 수 있게 된다.

시간을 문제 수로 나누면 대략 과목별로 1문제당 문제를 푸는 데 걸리는 시간이 나온다. 물론 모든 문제를 그런 식으로 풀 필요는 없다. 어떤 문제는 30초만에 풀기도 하고 어떤 문제는 5분 넘게 걸리기도 한다. 그러나 한 문제당 평균 몇 분이 할애될 수 있는지를 계산해 본다면 자신이 지금 이 문제를 얼마나 오래 붙잡고 있는지, 얼마나 지체되고 있는지를 대략적으로 가늠하면서 문제를 풀어나갈 수 있을 것이다.

시험은 시간과의 싸움이다. 시험이란 단순히 내가 아는 것을 맞추고 모르는 것을 틀리는 것이 아니다. 평소에 문제를 풀 때는 잘 맞추는 데, 유독 실전에서 점수가 잘 안 나오는 사람들의 특징이 있다. 시간을 고려하지 않고 평소에 내키는 대로 문제를 풀기 때문이다. 시간을 재지 않고 푼 문제는 제대로 푼 것이 아니다. 문제를 틀리는 이유 중에는 알고 있는 것인데도 불구하고, 시간에 쫓겨서 틀리는 것도 있다.

예를 들면, 모의고사 국어의 비문학 영역에 나오는 지문은 대부분 처음 보는 글이 제시되어 있다. 전교 1등이나 전교 100등이나 처음 읽어 보는 것은 마찬가지이다. 만약 긴 지문 하나를 읽고 그 지문과 관련된 문제를 딱 한 문제를 주고, 2시간을 줄 테니 풀어보라고 하면, 전교 1등도 정답을 맞추고, 전교 100등도 맞출 것이다. 2시간 동안 수없이 반복해서 읽고, 생각하고, 고민하면 결국 누구나 정답을 찾을 수가 있다.

수학 문제도 마찬가지다. 모르는 문제도 시간이라는 옵션을 해제하면 정답을 맞출 확률이 올라간다. 시간이 무한으로 주어지면 문제의 난이도는 떨어진다고 볼 수 있다.

수능 시험을 대비하여 나오는 시중의 문제집 중에서 모의고사 형태로 구성되어 있는 문제집들이 있다. 이런 문제를 풀 때에는 시간을 염두에 두고 반드시 한 회를 통째로 풀어야 한다. 오늘 10문제를 풀고 내일 10문제를 푸는 식은 의미가 없다. 또, 5문제를 풀고, 5분을 쉬고 다시 5문제를 풀고 하는 방법도 안 된다. 모의고사형 문제지는 완벽하게 시간을 재서 처음부터 끝까지 실전처럼 통째로 풀라고 나오는 문제지이다.

문제를 다 풀고 나서 채점하고 틀린 문제 살펴보고 끝내서는 안 된다. 모의고사 형태의 문제를 푸는 또 다른 목적은 자기 분석 데이터를 뽑아내는 데 있다. 얼마나 집중하고 문제를 푸는 데 얼마만큼의 시간을 써가며 푸는지, 어떤 문제를 먼저 푸는 것이 효과적인지를 분석해야 한다. 또 어느 단원, 어느 영역에서 틀리는 문제가 많은지, 주로 어떤 유형의 문제에서 많이 틀리는지를 스스로 분석해야 한다. 이런 분석을 하기 위해 모의고사형 문제를 푸는 것이다.

<문제> 총 80분 동안 45문제를 풀어야 하는 시험에서 세 학생이 각기 다른 방식으로 시험 문제를 풀었다. 다음 중 가장 바람직하게 시험을 치른 학생은 누구일까?

1. A 학생 : 50분 만에 풀고 85점 획득
2. B 학생 : 60분 만에 풀고 100점 획득
3. C 학생 : 75분 만에 풀고 100점 획득

학생들에게 모의고사 형태로 된 문제를 시간을 재서 풀라고 했다. 어떤 학생이 "선생님 저 40분 만에 풀었어요"라며 자랑했다. 80분이 주어진 시험에서 40분만에 빨리 푸는 것이 무슨 의미가 있을까? 누가 빨리 풀 수 있는지를 측정하는 시험이 아니다. 누가 가장 고득점을 획득하느냐를 측정하는 시험이다.

정답은 3번의 C 학생이다. 주어진 시간을 알차게 활용하면서 고득점을 획득하는 학생이 최고의 학생이다. 시간은 남겨도 안 되고, 모자라서는 더더욱 안 된다. OMR카드에 마킹할 수 있는 시간인 5분을 제외한 75분을 완벽하게 활용하여 풀어낸 3번 학생이 가장 바람직하다. 2번 학생과 3번 학생이 겉으로 보기에 점수는 같아 보여도 만약 난이도를 높인다면 2번 학생보다는 3번 학생이 보다 신중하게 문제를 풀고 시간을 유용하게 활용했을 것이다. 점수 또한 더 높게 나왔을 것이다. 실력이 부족해서 75분을 소진하며 문제를 푸는 것이 아니라는 의미이다.

보다 어려운 문제에서 2번 학생처럼 빨리 풀었다면, 좀 더 신중하게 천천히 주의를 기울였다면 맞출 수 있는 문제를 놓쳤을 가능성이 있다. 즉, 빨리 풀 수 있더라도 빨리 풀어서 실수할 수 있는 부분이 생긴다는 점을 염두에 두어야 한다. 즉, 주어진 시간을 100% 활용하여 100점을 받은 것이 가장 좋다.

위에 필자가 제시한 분석들도 하나의 케이스일 뿐이다. 중요한 것은 자신에게 가장 최적화된 시간활용 방법을 터득하는 것이다. 그것을 찾아내는 것이 문제 풀이의 숨겨진 목적이다.

실전에서 매번 박살나는 이유
2시간 풀타임 시크릿, '메타인지'

지금 하고 있는 일에 온 정신을 집중하라.
햇빛은 한 초점에 모아질 때만 불꽃을 낸다.
—알렉산더 그레이엄 벨

모든 학생들은 예외 없이 하루 24시간을 활용한다. 또 같은 학년의 모든 학생들에게 주어진 학습양이나 수준은 거의 동일하다. 주어진 시간도 같고 공부의 양과 수준도 같다면, 결과값(성적)을 높이기 위한 방법은 두 가지다. 공부하는 시간을 늘리는 방법과 같은 시간에 남들보다 공부의 효율을 높이는 방법이다. 둘 중 하나여야 한다.

학생들 중에서 정말 열심히 공부하고, 오랜 시간 책상에 앉아서 시간을 보내지만 정작 시험에서는 평소보다 실력 발휘를 못하는 경우가 많다. 이런 학생들의 공부 습관을 관찰해 보면 대체로 시간 간격을 짧게 두고 공부하는 경향을 보인다.

즉, 최소한 2시간 이상을 이어서 공부를 하지 못하고 연속해서 집중하는 시간 간격이 짧은 경우가 많다. 예를 들면 30분 공부하고 쉬고, 40분 공부하고 쉰다. 여기서 30분 공부하고 쉰다고 했을 때, 쉰다는 것은 5분, 10분씩 쉬는 것을 의미하는 것이 아니다. 1,2분 또는 단 몇 초라도 잠시 다른 곳에 주의를 돌리거나 다른 생각을 한다면 이것은 쉬는 것이나 마찬가지다. 이는 연속해서 오랜 시간 제대로 집중하지 못하고 있다는 증거다. 20분 공부하고 물 마시러 일어나고, 30분 공부하고 스마트폰을 한 번 들여다 보고, 40분 공부하고 잠시 간식을 먹고, 50분 공부하고 옆자리에 앉은 친구와 잠깐 이야기를 나누고……. 이런 식으로 공부해서는 안 된다. 심지어 이렇게 끊어서 공부한 총 시간의 합이 140분이나 된다고 하더라도, 연속해서 140분 한 것과 끊어서 140분 공부한 것은 차이가 크다. 이런 식으로 공부하는 학생들은, 수능 실전에서 점수가 잘 나오지 않는다.

지금부터라도 자신이 얼마나 오랫동안 공부에만 순수하게 집중할 수 있는지를 체크해 볼 필요가 있다. 엉덩이를 의자에서 떼지 않고, 단 몇 초도 다른 생각을 하지 않고 얼마나 집중할 수 있는지를 스스로 체크해 보기 바란다.

집중력도 연습이 필요하다. 집중하는 연습이란 자신의 생각을 원하는 범위 안에서만 일어날 수 있도록 통제하는 것을 말한다. 통제가 필요한 이유는 시험 상황 때문이다.

시험은 10분 집중하고 1분 쉬고, 20분 집중하고 3분 쉬는 식으로 진행될 수 없다. 특히 수능의 경우, 모든 과목을 다 치르면 반나절에 가까운 시간이 걸린다. 거의 6시간을 넘게 오로지 문제 풀이에 집중해야 한다. 모의고사를 치르고 나면 대부분의 학생들이 녹초가 되어 있다. 또 한 과목당 길게는 100분 이상 연속해서 문제를 풀어야 한다. 평소에 한 번도 100분 동안 연속해서 집중해 본 적이 없는데, 시험 당일, 그것도 긴장된 상태에서 연속적으로 100분 동안 집중하려고 하면 그것이 잘될까?

평소 수업시간에는 집중력도 흐트러지고, 딴짓, 딴 생각도 하고 편안하게 공부했다면, 모의고사에서는 한순간의 방심도 없이 연속적으로 고차원적 사고 활동이 이루어져야 하기 때문이다. 즉, 정해진 시간 동안 자신의 생각을 문제와 관련된 범위 안에서만 통제시키는 것은 엄청난 노력과 힘이 요구된다. A 학생과 B 학생 모두 열심히 공부해서 머릿속에 든 공부량은 똑같이 100이라고 할지라도 시험 결과는 다를 수 있다. 즉, 통제된 시험 환경 속에서 최소 6시간 이상 누가 더 집중했느냐에 따라 성적은 달라질 수 있다. 즉 수능 시험을 준비하는 과정에서 문제 풀이 연습만 해야 하는 것이 아니라 집중하는 연습도 같이 이루어져야 하는 것이다.

따라서 최소 2시간 정도 계속 집중하는 연습을 하지 않으면, 실전에서도 집중할 수 없다. 몰라서 틀리는 것이 아니라 집중하지 못해서 틀리는 것이다.

시험이란 단순히 어떤 지식의 유무, 사고의 가능 여부만 테스트하는 것이 아니다. 제한된 시간 동안 얼마나 집중할 수 있는지도 함께 테스트한다. 공부를 하는데도 성적이 나오지 않는 경우, 흔히 자신의 IQ를 탓하곤 한다. 어려운 문제를 푸는 사람과 그렇지 못한 사람의 차이는 IQ 차이가 아니다. 만약 어려운 과제는 '똑똑한 사람들'만 풀 수 있다는 생각을 가지고 있으면 쉽게 도전을 멈추고, 집중을 오래 유지하지 못한다는 연구가 있다. 노력과 집중의 중요성을 낮추고 타고난 지능과 재능에 초점을 둔다면, 사실 살면서 우리가 도전할 만한 일들은 몇 가지 없다. 심지어 노력이란 결점을 가진 사람들만 하는 것이라는 생각도 은연 중에 할 수 있다.

무수히 많은 연구에서 IQ가 학업 능력에 결정적인 변수가 아니라는 점을 확인해 왔다. 어려운 과제를 해결하는 성패는 노력과 집중력이다. IQ가 높아도 시험에서 요구하는 시간 동안 집중하지 못한다면 결과는 나쁠 수밖에 없다. 따라서 자신의 공부 방법을 점검해볼 필요가 있다. 얼마나 연속해서 집중하고 있는지, 한정된 시간 안에 학습이 효율적으로 이루어지고 있는지를 끊임없이 점검해야 한다. '내가 지금 고작 20분 공부하고 핸드폰을 만지고 있구나', '내가 지금 겨우 5문제를 풀고 자리에서 일어설 핑계를 찾고 있구나' 하고 스스로의 상태를 점검하고 자각해야 한다. 사실 이런 생각을 할 줄 아는 것도 일종의 능력이다. 이런 사고를 바로 '메타인지'라고 한다.

얼마 전 모 방송사에서 방영했던 '0.1%의 비밀'이라는 프로그램이 있었다. 이 프로그램에서는 전국모의고사 전국 석차가 0.1%안에 들어가는 800명의 학생들과 평범한 학생들 700명을 비교하면서 도대체 두 그룹 간에는 어떠한 차이가 있는가를 탐색해 보는 부분이 다뤄졌다. 여러모로 조사를 해 보았는데 이 0.1%에 속하는 친구들은 IQ도 크게 높지 않고, 부모의 경제력이나 학력도 별반 다를 것이 없었던 것이다. 그렇다면 도대체 무엇이 이 엄청난 차이를 만들어내는 것일까? 바로 '메타인지'이다.

곧 이 친구들을 대상으로 색다른 실험이 실시되었다. 서로 연관성이 없는 단어 (예, 변호사, 여행, 초인종 등) 25개를 하나 당 3초씩 모두 75초 동안 보여주었다. 그리고는 얼마나 기억할 수 있는가를 검사하였는데 여기서 중요한 것은, 검사를 받기 전 '자신이 얼마나 기억해 낼 수 있는가'를 먼저 밝히고 단어들을 기억해 내는 것이었다. 결과는 흥미로웠다. 0.1%의 학생들은 자신의 판단과 실제 기억해 낸 숫자가 크게 다르지 않았고 평범한 학생들은 이 둘 간의 차이가(더 많이 쓰던 혹은 적게 쓰든 간에) 훨씬 더 컸다.

더욱 재미있는 사실은 기억해 낸 단어의 수 자체에 있어서는 이 두 그룹 간의 차이가 크지 않았다는 점이다. 즉 기억력 자체에는 큰 차이가 없지만 자신의 기억력을 바라보는 눈에 있어서는 0.1%의 학생들이 더 정확했다는 것이다. 이는 무엇을 의미하는 것일까? 바로 메타인지 능력에 있어서의 차이이다.

《네이버 지식백과》, 생활 속의 심리학

메타인지는 자신의 인지적 활동에 대한 지식과 조절을 의미한다. 내가 무엇을 알고 모르는지에 대해 아는 것에서부터 자신이 모르는 부분을 보완하기 위한 계획과 그 계획의 실행과정을 평가하는 것에 이르는 전반을 말한다. 자신이 하고 있는 행동이 목적에 부합되는 것인지 아닌지를 자각하는 능력, 자신이 집중하고 있지 못하고 있다는 것을 알아차리는 능력, 이것이야말로 공부를 잘하는 사람들의 공통점 이라고 할 수 있다. 모든 성장은 지금 자신이 현재 어디에 있는지를 자각하는 데서 시작된다.

제 5 장

시 험

불 안 은　　　내 리 고
점 수 는　　　올 리 는
시 험　　스 킬 (s k i l l)

한 문제라도 더 맞힐 수 있는
간단한 비법들
수능 전 자기관리, 고사장 활용 팁

완벽함은 사소한 것에서 나온다.
—미켈란젤로

　학생들에게 고등학교 3년의 과정이 유독 고달프고 길게 느껴지는 이유는 '수능' 때문이다. 학교 내신 시험인, 중간고사나 기말고사가 끝나더라도, 그것과 상관없이 2년 6개월 동안 계속해서 수능을 위한 공부를 계속해 나가야 하기 때문이다.

　수능 때문에 힘들기도 하지만 수능 때문에 희망을 가지고 공부하기도 한다. 시험 치기 직전까지 학생들이 품는 마지막 희망이 바로 '수능 대박'일 것이다. '내신도 엉망이고 모의고사 점수도 별로였지만, 갑자기 커다란 행운이 찾아와서 수능 성적이 엄청 잘 나올 거야. 그렇게 나는 내가 그토록 원하던 대학에 들어갈 거야'가 모든 학생들이 꿈꾸는 자기 신화일 것이다. 불가능한 이야기는 아니다.

그러나 대체로 '시험을 잘 봤다'의 의미는 소극적일 수밖에 없다. 그저 평소 실력대로 점수가 나온다면 그것이 곧 시험을 잘 본 것이 된다. 평소 실력 이상의 점수가 나오는 경우는 흔치 않다. 왜 그럴까? 실전에서는 왜 자기 실력만큼의 점수도 얻기 어려운 것일까? 그렇다면 시험을 잘 보려면 어떻게 해야 할까?

일단 시험 치기 며칠 전부터 주의 깊게 컨디션을 체크하면서 생활해야 한다. 갑자기 안 하던 일을 해서는 안 된다는 것이다. 특히 시험을 잘 보겠다고 시험 전날 목욕을 오래 한다거나 전혀 하지 않던 운동을 한다든지, 특별한 행사에 간다든지, 특별한 음식을 먹는다든지 해서는 안 된다. 즉, 평소와 다른 일을 해서는 안 된다. 하지 않던 일을 한다는 것 자체가 내일의 시험에 대한 긴장감을 드러내는 일이고, 스스로에게 심리적 부담을 준다는 사실을 알아야 한다.

가족들, 친구들의 응원도 지나치게 떠들썩하게 하지 않는 것이 수험생에게는 좋다. 주변에서 열심히 응원해 줄 수록 긴장감과 부담감이 높아지기 때문이다. 응원해 주신 분들에 대한 감사한 마음은 수능 이후에 전하도록 하자. 수능 전에는 가급적 평정심을 유지하는 것에 집중해야 한다.

수능 며칠 전부터는 평소대로 식사하되, 소화가 잘되는 음식으로 식단을 꾸려야 한다. 힘을 내야 한다고 평소 즐기지 않던 보양식 등을 먹는 것도 추천하지 않는다. 수험생 스스로는 인식하지 못할지라도, 몸과 마음이 긴장 상태에 있기 때문에 쉽게 체하거나, 복통을 일으킬 수 있다. 음식으로 인해 탈이 나지 않도록 가려서 먹어야 하며, 가급적 인스턴트 음식이나 밀가루, 설탕이 많이 들어간 음식과 간식은 피하는 것이 좋다. 이러한 음식을 섭취하게 되면, 일단 몸이 무거워지고 순환이 잘되지 않으며 불안한 심리 상태를 유발한다. 한마디로 공부를 잘할 수 없는 육체적, 심리적 상태를 유발하는 것이다. 평상시에도 이러한 점을 알고 몸과 정신을 맑고 차분하게 하는 음식 위주로 식단을 꾸린다면 더욱 좋다.

평소 학생들이 즐겨 먹는 간식들을 보면 안타까울 때가 많다. 인스턴트 과자, 편의점 치킨, 빵, 각종 음료수들로 배를 채운다. 건강해지겠다고 오렌지 주스를 마시지만 그 속에는 각설탕 6개가 들어있다. 오렌지 주스가 이정도인데, 다른 음료는 말할 것도 없다. 특히 학교 매점에서 파는 과자들의 경우 저렴한 가격으로 판매되는 것들이 많다 보니, 시중의 마트에서 판매되는 제품들보다 질이 떨어지는 경우가 많다. 학생들이 많이 먹는 인스턴트 간식들이 설탕과 각종 화학조미료, 환경호르몬이 듬뿍(?) 들어 있어 각종 질병의 원인이 된다. 과거에 비해 학생들의 정서 불안, 감정 조절이 잘 되지 않고 보다 충동적이고 불안정한 이유가 이러한 인스턴트 섭취 비중이 높아진 것도 관련성이 있다고 생각된다.

평소에는 위와 같이 지나친 당 섭취를 주의해야 하지만 시험 당일에는 약간의 당 섭취가 필요하기도 하다. 평소에 단 음식을 잘 먹지 않다가 갑자기 당 성분이 높은 음식을 먹게 되면 일시적으로 뇌가 활성화되는 효과를 발휘한다. 그렇기 때문에 고사장에 갈 때 사탕이나 초콜릿 등을 간단하게 챙겨가서 먹는 것도 도움이 된다. 다만 지나친 당분 섭취는 오히려 역으로 긴장을 유발할 수도 있기 때문에 적당히 섭취하는 것이 좋다.

공부를 잘하고 싶다면 평소의 식단 관리가 중요하다. 필자가 만난 공잘친들 중에는 꽤 부지런히 영양제나 건강보조식품 등을 섭취하는 학생들이 많았다. 심지어 공잘친들 중에서는 필자에게 어떤 영양제를 먹으면 좋을지를 진지하게 물어보는 학생들도 있었다. 공부는 하고 싶은데 잠은 오고, 체력은 떨어지는데 운동할 시간은 없으니 건강보조식품이라도 먹어야겠다고 생각한 것이다. 아침부터 홍삼 액기스를 쭉 빨며 공부를 시작하는 학생도 있다. 그 애살맞은 행동이 귀엽기도 하고 측은해 보이기도 한다. 사실 학생들이 이런 영양제 등을 꼬박꼬박 챙겨먹는 것은 쉽지 않다. 그만큼 공부에 대한 강한 의지에서 나올 수 있는 실천이다.

시험 당일 날 아침 식사는 적절한 양으로 먹기를 권한다. 뇌는 포도당을 에너지원으로 사용하기 때문에 탄수화물을 섭취한다면 뇌 활동에 도움이 된다. 아침을 먹으면 소화시키는 과정에서 내장이 활동을 시작하는데, 전체적으로 몸이 깨어나면서 자연스러운 각성이 일어날 수 있기 때문이다. 배가 고프면 교감 신경이 자극이 되어서 평소 공부할 때는 집중력이 높아질 수도 있겠지만, 시험이라는 긴장된 상황에서는 자극된 교감 신경이 시험 불안을 불러올 수 있다. 때문에 배가 고프다는 느낌이 들지 않도록 적당한 음식 섭취가 필요하다.

가장 좋은 것은 자신에게 맞는 방식으로 긴장을 풀도록 하는 것이다. 상황에 따라 자신의 컨디션이 어떻게 달라지는지를 평소에 세심하게 체크할 필요가 있다. 언제 어떻게 무엇이 가장 자신에게 맞는지는 자신만이 안다. 이를 평소에 체크하고 알아내는 것도 능력이다. 앞서 말했듯이 시험과 입시의 결과는 총체적인 자기관리의 결과이기 때문이다.

수험생은 스트레스로 인해 입맛이 없거나 혹은 잠을 더 자기 위해 아침식사를 거르는 경우가 많다. 하지만 아침식사를 거르는 행동이 두뇌 활동을 떨어뜨려 학업 성적 저하로 이어질 수 있다. 실제로 국내 연구진이 청소년 건강행태 온라인조사를 바탕으로 아침식사의 빈도와 학업성취 간의 관련성을 살펴본 결과에 따르면, 아침식사와 학업 성적 간에 관련성이 있는 것으로 나타났다. 해당 연구에서는 우리나라 중·고등학생 약 75,000명을 대상으로 아침식사 빈도에 따른 학업 성적을 조사하였다. 남녀 모두에서 아침식사를 하지 않는 학생에 비해 아침식사를 하는 학생의 학업 성적이 보다 우수한 경향을 보였으며, 일주일 당 평균 아침 식사의 빈도가 많을수록 이러한 관련성은 보다 더 커졌다.

우리의 뇌는 약 1.3kg에 불과하지만 우리 몸이 소비하는 열량의 20% 가량을 소비한다. 원활한 두뇌 활동을 위해서는 포도당이 공급되어야 하는데, 아침식사는 전날 저녁식사 이후 장시간 지속된 공복 후에 포도당을 공급하는 역할을 한다. 이를 통해 신체는 오전 중에 혈당을 정상적으로 유지하고 두뇌 활동에 필요한 에너지를 확보하게 된다.

만약 아동·청소년이 아침식사를 거르면 15시간 이상을 공복 상태로 있게 되는데

이 경우 두뇌 활동에 필요한 포도당이 공급되지 않아 집중력, 학업능력, 수행속도 등이 저하된다. 뿐만 아니라, 장시간 공복 후에 많은 양의 음식을 한꺼번에 섭취함에 따라 소화에 부담이 갈 수 있으며, 섭취한 음식을 소화시키는데 많은 양의 혈액을 사용하게 되어 두뇌 활동이 저하될 수 있다. 따라서, 원활한 두뇌 활동을 위해서는 지방 함량이 적으며 단백질, 필수 아미노산, 철분, 비타민 B·C 등이 풍부한 음식으로 아침식사를 하는 것이 좋다.

국민건강지식센터

시험 전날 푹 자보겠다고 평소보다 지나치게 일찍 잠자리에 들게 되면 몸이 긴장하게 되어서 더 잠이 오지 않는 경우도 있다. 평소 취침 시간보다 1~2시간 정도 일찍 잠자리에 들면 충분하다. 수능 며칠 전부터 자기 전에 간단한 스트레칭 등으로 근육의 긴장을 풀어주는 것도 좋은 방법이다. 즉, 모든 육체적, 심리적, 정서적 상태가 평소와 같도록 유지하는 것이 관건이다.

시험 당일, 일단 고사장에는 일찍 도착하는 것이 좋다. 차가 막히고, 예상치 못한 일이 발생할 수 있다는 것을 전제로 일찍 서두르는 것이 좋지만, 이를 위해서 평소 기상 시간보다 너무 일찍 일어나는 것도 몸에 무리가 갈 수 있다는 것을 알고 적절히 조절해야 할 것이다.

고사장 앞에 가면 학교 후배들과 선생님들께서 응원을 와 있을 것이다. 교문 앞에서 긴장을 풀라고 주는 사탕같은 간식거리가 있다면 감사하는 마음으로 받으면 된다. 다만 음료는 주의해야 할 필요가 있다. 카페인이 들어간 음료는 잘 알다시피 이뇨작용 및 각성효과가 있기 때문에 평소 먹지 않던 커피나 차 종류는 가급적 먹지 않는 것이 좋다. 평소에 늘 마시던 음료 중 카페인이 들어간 음료가 있다면 평소보다 약간 덜 마시는 것을 추천한다. 시험 당일에는 약간 긴장 상태이기 때문에 카페인의 각성 효과가 최대치일 필요는 없기 때문이다.

고사장에 일찍 도착하면 먼저 해야 할 일이 있다. 자신의 수험번호가 적힌 책걸상에 미리 가서 앉아 보는 것이다. 앉아서 의자와 책상이 삐걱거리는 소리가 나지는 않는지, 흔들리지는 않는지 등을 확인하고 조절해야 한다. 책걸상 높낮이도 중요하다. 자신에게 맞는 높낮이로 대부분 조절이 가능하기 때문에 평소 자신이 앉는 의자나 책상 높낮이와 비슷하도록 조절해서 앉는 것이 좋다. 고사장에 머무르는 시간은 8시간 이상이다. 책걸상 높낮이를 조절하는 일이 사소한 일은 아니다.

고사장으로 오는 길에 추위에 떨게 되면 근육이 수축되면서 육체적으로 긴장하게 되는 상황이 생길 수 있기 때문에 옷을 따뜻하게 챙겨입는 것이 좋다. 시험 당일에 고사장에서는 대부분 난방 기구를 가동시키기 때문에 시험을 보는 동안 추위를 염려할 필요는 없다. 고사장에서는 오히려 지나친 난방으로 더울 수 있기 때문에 나중에 쉽게 벗을 수 있는 단추나 지퍼 달린 옷을 추천한다. 이너웨어도 얇은 옷으로 여러 겹 입어서 컨디션에 따라서 입고 벗을 수 있도록 하는 것이 좋다. 일부 학생들의 경우, 자신이 늘 학교에서 입던 옷차림(체육복)으로 오기도 하고, 늘 앉았던 방석, 미니 담요 등을 들고 오기도 한다. 조금이라도 익숙한 환경에서 긴장하지 않기 위해서라면 이런 사소한 부분들도 잘 챙기는 것이 좋다.

다른 학교 친구들과 함께 낯선 곳에서 시험을 치르게 되다 보니, 많은 학생들이 느끼기에 춥거나 덥거나 하는 불편을 대체로 참고, 적극적으로 의사표현을 못하는 경우가 있다. 충분히 고사장 실내 온도가 높아도 일반적으로는 난방을 계속 가동하게 된다. 이런 상태로 몇 시간이 지나면 덥다고 느껴질 정도로 온도가 올라가는 경우가 생긴다. 다 같이 쓰는 교실이기 때문에 더워서 난방을 끄거나 온도 조절을 한다든지, 환기를 시킨다든지 하는 일에 매우 조심스러워진다. 따라서 거의 마지막 과목 시험을 치를 때쯤 되면 환기가 되지 못한 채 수십 명이 호흡하는 좁은 교실 공간은 매우 공기가 탁해지게 된다.

감독관으로 입실해서 고사 감독을 하다 보면 오후 2, 3시쯤에는 숨이 막힐 정도로 답답하고 심지어 어지러움이 느껴질 정도로 산소가 부족해진다. 수험생들이 이런 상황에서 시험을 잘 치른다는 것은 정말 힘든 일이다. 평소 모의고사 때에는 모교에서 늘 같은 반 친구들과 익숙한 장소, 익숙한 환경에서 치르게 되니, 미처 자각하지 못했던 것들이 실제 고사장에서는 시험의 방해 요소가 될 수 있는 것이다.

활발한 뇌 활동은 맑은 산소를 들이마실 때 가능한데, 이산화탄소로 가득한, 거의 밀폐되다시피한 시험 환경에서는 시험을 잘 치르기 어렵다. 나중에는 머리가 멍해지는 경우도 생긴다. 따라서 쉬는 시간이라도 교실 밖으로 나와 복도라도 서성거리면서 맑은 공기를 마시거나 가볍게 몸을 움직이는 것이 좋다.

고사장에서의 좌석 배치는 해당 고사 본부에서 일괄적으로 차례대로 배치하기 때문에 원하는 좌석에 앉을 수 없다. 좌석 위치는 수험생의 컨디션에 영향을 준다. 그래서 사실 어떤 자리에 배치되느냐는 운이다. 필자가 생각하는 좋은 자리는 운동장 창가쪽이다. 왜냐하면 머리가 멍해지거나 지나치게 긴장이 될 때는 창문을 살짝 열고 맑은 공기를 마셔보는 것이 도움이 되기 때문이다. 맑은 공기를 들이마셔 산소 공급을 활발히 해 주는 것이 분명 도움이 된다. 또 상황이 허락한다면 같은 고사장을 이용하는 수험생들에게 양해를 구하고, 쉬는 시간이라도 창문을 잠시 열어 환기를 시키는 것이 중요하다. 쌀쌀한 초겨울의 공기가 정신을 번쩍 들게 만들어 줄 것이다.

시험이 시작되면 자신도 자기 꽤 많이 긴장하고 있다는 것에 스스로 놀랄 수도 있다. 그동안 한 번도 긴장한 상태로 모의고사를 친 적이 없고, 시간 조절도 실패한 적이 없을 수 있겠지만, 연습은 연습일 뿐이다. 실전은 딱 한 번이니, 연습에서 결코 느껴보지 못했던 것들을 실전에서는 느낄 수 있다. 일단 공간적인 환경에 다르고 옆에 앉아 있는 사람들도 낯설다. 명찰을 단 엄숙한 표정의 감독관이 두 명씩 들어오고, 탐구 영역은 심지어 감독관 세 명이 입실한다. 감독관들은 두리번거리며 규정에 위배되는 사항이 없는지 꼼꼼하게 점검하고 금지 사항들을 나열할 것이다. 이런 분위기에 주눅이 들기 쉽고, 또 오늘이 바로 '그날'이라는 생각이 자신도 모르게 긴장하게 만든다.

공부를 열심히 했던 학생들일수록 노력한 것들이 많아서 더욱 떨릴 것이다. 그동안 얼마나 긴 시간을 참고 견디며 노력했던가. 고사장 등굣길에서부터 벌써 긴장한 표정이 역력히 느껴지는 학생들도 있다. 아무리 씩씩한 척 웃으며 들어가도 묘한 쓸쓸함이 느껴지는 것은, 아무도 도와줄 수 없는 자신과의 싸움으로 걸어 들어가기 때문일 것이다. 자신의 실력보다 더 높은 점수를 바라는 마음이 긴장을 불러온다. 그냥 평소대로 하고 오자는 편안한 마음, 평정심을 유지하는 것이 진정 강한 정신력이다. 욕심이 긴장과 불안을 불러온다는 것을 명심하고 점수가 높게 나오기를 바라지도 말고, 낮게 나오는 것을 미리 걱정할 필요도 없다.

평정심을 유지하는 것 또한 실력의 한 요소다. 긴장되는 상황 속에서 자신을 잃지 않는 법. 그것이야말로 궁극적으로 뛰어난 인재임을 증명하는 것이다. 사실 이 또한 보이지 않는 시험의 평가 항목이라고 볼 수 있다.

시험 불안 해소,
1분 만에 평정심 찾기
멘탈 승자들의 호흡법, QCT

숨을 들이 쉬라. 내 쉬라.
그리고 바로 이 순간이 네가 확실히 가지고 있음을 네가 아는 유일한 순간임을 상기하라.
—오프라 윈프리

다음은 학업 성취도와 학업 스트레스와의 상관관계를 보여주는 그
래프이다. 스트레스가 높을수록 학업성취도가 떨어진다는 연구결과
를 보여주고 있다.

출처 : 정주영, 고려대(2010년)

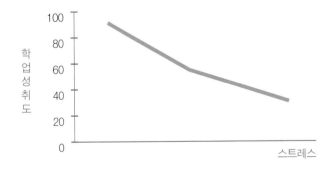

당연한 것이라고 생각할 수 있겠지만, 좀 더 깊이 생각해 본다면, 공부를 더 열심히 하지 않아도 성적이 오를 수 있다는 가능성을 보여주는 자료다. 즉, 공부를 더 힘들게 더 열심히 할 필요 없이, 단지 스트레스만 줄여준다면, 성적이 오를 수 있다는 가능성을 보여준다.

머릿속으로는 '스트레스 받지 말자', '평정심을 유지하자'라고 생각하지만 실질적인 스트레스 해소로 이어지기가 쉽지 않다. 그렇다면 즉각적인 효과를 발휘할 수 있는 실천법에는 무엇이 있을까?

《회복탄력성》으로 유명한 최성애 박사는 '심장 호흡법'을 추천한다.

심장이 안정적으로 고르게 뛰면 우리 몸 전체의 호르몬계, 면역계, 신경계가 일치와 조화를 이루게 된다. '하트매스' 연구소의 '맥 크레이티'박사는 그렇게 일치조화를 이루고 협응이 잘 이루어지는 상태를 '정합하다(coherent)'라고 말한다. 모든 면에서 최적의 상태를 말하는 것으로, 정합한 상태에서는 심장만 안정적으로 뛰는 것이 아니라 두뇌활동과 감정이 모두 조화를 이루게 된다. 이러한 정합 상태를 만들기 위한 방법으로 최성애 박사는 'QCT(Quick Coherence Technique)' 재빨리 정합상태를 되찾는 기법을 소개하고 있다. QCT는 스트레스에 휘말려 중심을 잃고 일치조화를 못 이룰 때 빨리 중심을 찾게 해 준다. 고작 2단계. 시간은 1~2분 정도 밖에 걸리지 않는다. 따라서 언제든지, 어디서든지 혼자 조용히 시도할 수 있다.

· QCT 1단계 : 심장호흡을 한다.

5초정도 심장으로 천천히 숨을 들이마시고 5초 정도 천천히 숨을 내쉰다. 왜 5초이어야 하는지에 관하여 맥크레이티 박사의 견해를 인용하자면, 자연에도 주파수가 있는데, 주파수가 0.1헤르츠라고 한다. 0.1헤르츠를 속도로 치면 10초 안에 한 번의 들숨과 날숨을 하는 것인데, 이를 각각 5초씩 하면 자연의 반복적이고 규칙적인 움직임의 주파수와 거의 속도가 맞는다고 한다.

· QCT 2단계 : 좋아하거나 고마운 대상을 떠올리며 감정을 느낀다.

호흡만 해서는 부족하다. 심장에서 일정한 패턴이 지속되려면 감정까지 움직여야 한다. 심장에서 긍정적인 감정을 느껴야 활력 호르몬인 DHEA가 분비되어 몸속에 오래 지속되기 때문이다. 그러자면 자신이 좋아하는 대상이나 활동, 감사한 상황을 떠올리면서 그 감정을 느껴보면 된다.

심장 패턴이 고르게, 규칙적이고 조화롭게 되면 두뇌는 '두뇌피질 촉진'상태가 된다. 두뇌피질 촉진은 긍정적이고 안정적인 감정이 심장을 규칙적이고 질서 있게 뛰게 함으로써 두뇌 피질의 기능을 촉진하고 원활하게 하는 상태를 말한다. 이 상태에서는 인지 기능도 활성화되며 생각을 좀 더 넓고 깊게 잘할 수 있게 되고, 생각, 감정, 행동이 일치와 조화를 이루게 된다. 단기 기억과 장기 기억이 모두 향상되고 집중력이 좋아지며 창의력, 직관력, 판단력과 문제 해결 능력이 향상된다.

시험 시작 전 위와 같은 심장 호흡은 심장과 뇌를 안정적인 상태, 즉 학습에 가장 효과적인 상태로 만들어 준다. 또한 호흡 과정 중에 기분 좋은 상상은 에너지를 높여준다. 무엇이든 할 수 있을 것 같은 느낌, 의욕과 힘이 생기게 해 준다. 에너지가 충분해야 두뇌 활동이 활성화될 수 있기 때문에 시험 시작 전 이러한 심장 호흡법은 효과적인 시험 불안 해소방법이 될 것이다.

이런 심장호흡법은 실제 시험 상황뿐만 아니라 공부를 시작하기 전에 실시하면 큰 효과가 있다. 필자 역시 이를 종종 수업시간에 활용하고 있다. 수업 시작 종이 울리고 교실에 들어가면 쉬는 시간 10분 동안 분출된 에너지가 아직 가라앉지 못하고 교실을 휘젓고 있음이 느껴진다. 이를 위해 소란스럽다고 훈계하는 것은 아이들에게도 의미 없고, 교사도 힘들어진다. 그래서 이럴 땐 모두 눈을 감고 QCT를 하도록 한다. 눈을 감고 깊은 호흡을 2,3번만 하도록 주문하면 아이들은 금세 무엇인가를 배울 수 있는 마음으로 제자리를 찾게 된다. 아이들에게 심장 호흡법을 가르쳐 주고, 개인적으로 공부를 시작하기 전에 해 보도록 종종 권유하고 있다.

실제로 이 심장 호흡법은 실시하는 즉시, 즉각적으로 스트레스를 해소시킨다. 스트레스 측정 테스터기를 손가락에 갖다댄 상태에서 심장 호흡을 몇 번 하면 곧바로 기계의 빨간 불빛이 파란 불빛으로 바뀌는 것을 확인할 수 있다. 시험 불안이나 학습을 위한 준비단계가 아니라 일상에서도 수시로 활용한다면 마음의 평정심을 유지하는 데 큰 도움이 될 것이다.

학습이란 전두엽만 활성화되어 이루어지는 활동만이 아니다. 면역력, 고르고 안정적인 호흡, 근육의 이완정도, 호르몬 수치, 안정적 감정상태, 현재 느끼는 기분, 등 몸과 마음과 머리가 모두 합쳐져서 이루어지는 총체적인 활동이 공부다. 이러한 것들을 안정화 시키고, 건강하게 유지시킬 수 있다면 학습 능률은 자연스럽게 오를 것이다. 즉, 성적을 올리기 위해 더 많이 공부하고, 더 많이 힘들게 노력하지 않아도 성적을 올릴 수 있는 방법이 있다는 것이다.

이를 위해 공부를 시작하기 전에 자신의 몸과 마음 상태를 체크해보는 습관을 들이는 것이 좋다. 잠시 5분 만이라도 깊고 긴 호흡을 통해 심장을 고르게 뛰도록 만들고, 마음을 편안하게 만들 수 있는 자신만의 간단한 '의식'을 치른다면 장담컨대, 반드시 성적은 오를 것이다.

미국의 미들섹스 고등학교에서는 일주일에 두 번씩 마음 챙김 훈련(Mindfulness)을 실시하고 있다. 이는 불교 수행에서 기원한 명상기법으로, 현재 순간을 있는 그대로 받아들이고 자각하는 훈련을 말한다.

최근 들어 마음 챙김은 종교적 의미를 벗어나 심리학적 구성 개념으로 다양하게 정의되고 있다. 이 분야의 대표적 선구자인 '카밧진(Kabat-Zinn)'은 마음 챙김을 '순간 순간 주의의 장에서 일어나는 생각이나 감정 및 감각을 있는 그대로 인정하고 수용하면서, 비판단적이고 현재 중심적으로 또렷하게 알아차리는 것'이라고 했다. '마틴(Martin)'은 주의가 특정한 견해에 집착함 없이 조용하고 유연할 때 일어나는 심리적 자유의 상태를 마음 챙김으로 정의했다.

이 마음 챙김 훈련은 학생들의 스트레스를 감소시켜주고, 긍정적인 감정을 유지할 수 있도록 도와주는 프로그램으로서 3년 전부터 '미들섹스' 고등학교에서는 의무 수업으로 운영되고 있다.

이 프로그램에 참여한 한 학생은 "처음에는 미신 같았어요. 하지만 수업에 참여하고 나니 정말 좋았어요. 마음의 근육을 단련시키는 것 같아요"라고 말했다. 이 마음 챙김 훈련을 학생들에게 적용시킨 결과 우울증과 시험 불안이 감소하고 2주 만에 성적이 16% 향상되었다는 연구결과가 있다.

미들섹스 고등학교의 마음 챙김 수업을 진행하는 덕 워드 교사의 말이다. "마음 챙김 수업은 슬픔, 불안감, 즐거움, 이런 감정들을 다룰 수 있는 기술을 익히는 것입니다. 이러한 마음챙김 수업은 이제껏 학습했던 지식에 접근할 수 있도록 도와주죠."

이 마음 챙김 수업은 이 학교의 학부모들도 함께 참여하고 있다. 수업에 참여한 학부모는 "많은 부모들이 항상 도달하는 곳을 중요하게 생각하죠. 이 성적을 받으면 이 대학에 갈 수 있다는 식으로요. 하지만 그것보다 중요한 것은 그곳으로 가는 과정입니다. 마음 챙김 훈련은 그 과정을 즐기라고 알려주죠"라고 말했다.

미들섹스 고등학교의 윌리엄은 시험 불안이 큰 학생이었다. 그러나 마음챙김 프로그램을 통해 변화된 자신에 대해 다음과 같이 말하고 있다. "과거에는 스트레스가 엄청났죠. 몸 전체가 긴장으로 가득 찼고 생각을 멈출 수가 없었죠. 지금은 달라요. 스트레스를 받으면 먼저 한 발짝 뒤로 물러나서 생각을 하죠."

이와 같이 긍정적인 마음을 유지할 수 있는 마음의 근력을 갖는 것이 공부보다도 중요한 일이다.

〈EBS 다큐멘터리 공부 못하는 아이〉中

몰라도 맞춘다
그것이 기술이다

객관식 : 정답을 찍어내는 스킬(Kill)

저항을 무너뜨리고 모든 장애를 쓸어버리는 것은
바로 지속적이고 결연한 노력뿐이다.
—클라우드 M. 브리스톨

고3이 되면, 이전보다 문제를 더 많이 풀어보는 방향으로 학습방법을 변화시킬 필요가 있다. 특히 상위권은 이미 기본적인 이론은 다져져 있기 때문에 문제를 많이 풀어보는 형태로 공부하는 것이 좋다.

문제 풀이의 핵심은 '감(feeling)'이다. 문제를 많이 풀다 보면 감이 생긴다. 그렇다면 '감'이란 무엇일까? 일종의 정답을 찾아내는 능력을 말하는 것인데, 이는 몰입의 속도, 집중의 깊이, 문제 유형에 익숙함, 출제 의도 파악, 논리적, 직관적 사고의 총체적 합이 만들어 내는 결과다. 쉽게 말하면 감이라는 것은 일종의 문제를 푸는 '스킬' 같은 것이다. 즉, 문제에서 정답을 '찍어내는(골라내는) 감각'을 말한다.

수능이 좋은 이유는 대부분 객관식이라는 점이다. 객관식 문제의 경우 이러한 감이 생기면, 정답에 확신이 없어도 맞출 수 있는 확률이 높아진다. 문제와 관련된 지식이 조금 부족해도 맞출 수 있는 것이 객관식이다. 심지어 아무것도 몰라도 맞출 수 있는 것이 객관식이다. 정답만 찾아내면 끝인 것이다. 사실 객관식에서 문제를 풀고 정답을 맞혔다고 해서 그 문제에서 측정하고자 했던 지식을 완전히 안다고 할 수는 없다. 모르면 단 한 글자도 쓰지 못하는 주관식과는 다르다. 따라서 '정답을 잘 찾아내는 능력'을 가진 사람들이 있을 수 있다는 것을 의미한다. 100%를 공부하고도 80%밖에 발휘하지 못하는 사람이 있는 반면, 80%를 공부하고도 100%를 발휘하는 사람들이 있을 수 있다는 말이다.

이런 '감'을 만들고, 또 유지하기 위해서는 반드시 매일매일 일정량의 문제를 풀어야 한다. 특히 고3 수험생의 경우, 수능 바로 전날까지 세수는 못해도 반드시 매일 문제는 풀어야 한다. 가능하다면 오전에는 국어, 수학을 오후에는 영어, 탐구 문제를 푸는 것이 좋다. 문제 풀이를 2~3일 하지 않으면, 감 떨어진다. 이 감은 다시 회복하는데 시간이 한참 걸린다.

참고로, 고1·2 학생의 경우에는 문제풀이도 중요하지만 그보다도 학습의 기초가 되는 이론 위주로 공부하는 것이 바람직하다. 문제를 풀 때도 다양한 문제를 많이 풀어보는 것에 중점을 둘 것이 아니라, 틀린 문제를 중심으로 어느 영역, 어느 부분의 공부가 부족한지를 체크해 본다는 생각으로 풀어야 한다. 즉 문제풀이보다는 이론위주의 기본을 다지는 공부를 해야 한다.

누구나 노력만 한다면 정답을 찾아내는 일종의 '감'을 높일 수 있다. 이러한 기술, 즉 감을 끌어올려서 얻을 수 있는 점수 상승 폭이 분명히 존재한다. 고3이 되면 문제를 많이 풀어서 정답을 잘 찾을 수 있는 이러한 상승폭을 잡는 것이 관건이다. 내용을 알아서 맞히는 문제도 있지만, 문제 유형에 익숙해지고 문제풀이를 위한 사고 유형에 익숙해지면 정답을 맞힐 확률도 높아진다.

문제가 어려운 이유는 그 문제에서 묻는 지식, 즉 내용적인 측면이 어려워서인 경우도 있지만 문제 유형 자체가 생소해서 틀리는 경우도 많다. 알고 있는 내용임에도 불구하고 복잡한 문제 형태 때문에 낯설어서 문제를 어렵게 느끼는 경우도 많기 때문에 문제 유형에 익숙해진다면 훨씬 정답을 쉽게 맞힐 수 있을 것이다.

가끔 '어떤 문제는 어떤 식으로 푸는 것이 좋다'라는 식의 요령을 가르쳐 주는 경우가 있다. 필자 또한 이런 요령을 이야기하는 경우가 종종 있다. 예를 들면 국어 영역의 경우 지문을 읽기 전에 문제를 먼저 훑어보고 선택지에 묻는 내용들이 무엇인지 미리 살펴본 다음에 지문을 읽는 것이 도움이 된다. 또 지문 안에 특정 단어에 대한 설명이 지문 아래에 별도로 풀이되어 있는데, 이는 보통 문제와 관련성이 있거나 작품 이해에 핵심적인 단어이기 때문에 자세히 풀이해 놓는 경우가 많다. 따라서 아는 단어라도 단어 뜻풀이를 잘 살펴봐야 한다.

사실 이런 것들은 진정한 '기술(스킬)'이 아니라 세부적인 요령이라고 할 수 있다. 문제에서 요구하는 출제 의도를 캐치하는 것이 진정한 기술이다. 출제 의도는 문제를 많이 풀어봐야만 알아보는 감이 생긴다.

문제가 어렵다고 느끼는 이유는 매력적인 오답 때문이다. 오답은 정답과 유사하게 포장되어 문제를 혼란스럽게 만든다. 때로는 한 문장 안에서 앞에 나오는 구절은 정답 내용인데, 뒤에 서술된 구절은 오답으로 구성된 문장도 있다. 한 문장 안에서 단 하나의 예외만 포함되어도 그것은 오답이다. 출제자가 쓰는 이러한 교묘한 속임수들을 캐치해 내는 것. 오답이 정답처럼 어떤 식으로 포장되는지를 눈치채게 되면, '진짜'를 찾는 일은 쉬워진다.

오답의 매력도가 얼마나 큰지는 중요하지 않다. 정답의 확실성에 집중해야 한다. 출제자는 문제를 만들 때 정답이 완벽하기를 원한다. 반드시 정답은 빈틈없는 문장으로 제시된다. 오답의 결함은, 나중에 논란이 되어도 수습이 되지만, 정답이 결함을 가지게 되면 이것은 문제 전체의 오류가 되어버린다.

필자도 문제를 출제하다 보면 출제 의도와 난이도를 지나치게 의식하여, 가끔 문제가 이상해질 때가 있다. 완벽한 정답을 만드는 데에만 신경을 쓰다가 가끔 오답의 완결성을 놓치는 경우가 생기는 것이다. 사실 오답의 완결성이란 매력 있는 오답을 만드는 것이라도 볼 수 있는데, 오류를 포함하고 있으면서도 정답처럼 보이게 하는 포장을 생략해서는 안 되기 때문이다. 잘못 만들면, 지나치게 노골적으로 오답임을 드러내는 모양새를 하고 있는 경우도 종종 생긴다. 이렇게 되면 문제의 난이도는 당연히 낮아지고, 문제를 통한 성취기준 확인은 어렵게 된다.

사실 출제자의 이런 의도를 캐치해 내는 눈치를 키우는 것이 바로 문제를 많이 풀어본 사람들만이 알 수 있는 '감'인 것이다.

만약 두 개의 선택지를 두고 무엇이 정답인지 애매하게 헷갈린다면 두 개를 두고 보았을 때 보다 중요한 요소를 묻고 있는 것이 정답일 가능성이 높다. 출제자는 문제를 만들 때에 사소하고 지엽적인 요소보다는 중요하고 가치 있는 지식이 테스트되기를 원하기 때문이다.

이처럼 객관식은 지식 이외에 많은 변수에 의해 정답을 찾을 수 있다는 점이 장점이자 단점이다. 수능이 해볼 만한 시험인 이유는 객관식이기 때문이다. 모르면 아무것도 쓰지 못하는 서술형과 다르다. 심지어 수학도 풀이 과정은 생략된 채 정답만을 단답형으로 요구한다. 심지어 이 단답형 답안도 찍어서 맞추는(정답으로 자주 나오는 숫자를 적어서) 경우가 생긴다. 그러니 포기하지 말자. 기술은 갈고 닦으면 정교해진다.

출제 의도를 캐치하는
눈치코치!

주관식 : 핵심 키워드 골라내기

부사(수식)는 당신의 친구가 아니다.
—스티븐 킹

최근 서술형 평가가 학교 내신 시험에서 그 비중이 확대되고 있다. 객관식에 익숙한 학생들은 서술형 문항에 답안 작성을 힘들어한다. 객관식은 모르면 찍기(?)라도 하지만 서술형은 모르게 되면 단 한 글자도 쓰기 어렵기 때문이다. 특히 최근의 서술형 문제는 예전처럼 정답을 단답형으로 요구하지 않는다.

출제자가 서술형 문제를 출제할 때 가장 크게 염두에 두는 부분은 문제의 질적 수준이 아니다. 가장 중요하게 생각하는 것은 채점의 공정성과 객관성이다. 아무리 고민해서 만든 서술형 문제라 하더라도 공정하게 채점하기가 어려운 내용은 출제가 꺼려진다. 만약 공정한 채점을 하기 어렵다면, 결국 문제의 오류가 발생한 것이나 다름없다.

눈치 빠른 공잘친들은 '이 내용은 주관식으로 출제되기 어렵기 때문에 세세하게 외울 필요는 없는 것 같다'며 학습 내용의 성격에 따라 출제의 가능성을 가늠해 본다. 또한 예상 가능한 출제 유형을 생각하며 학습 방법, 깊이를 조절하며 효율적으로 공부한다.

서술형 문제의 답안지를 작성할 때에 가장 중요한 것은, 출제자의 의도, 제시된 조건, 채점 기준을 생각해야 한다는 것이다. (사실 글씨도 중요하다.) 문제에서 요구하는 내용 중에 자신이 알고 있는 것을 일단 모두 쓰면, 그중에 하나가 포함되어 점수를 받을 것이라고 생각하는 학생들이 있다. 장황하게 길게 쓴다고 해서 점수를 받는 것이 아니다. 물론 길게 자신의 생각을 서술하기를 요구하는 문제도 있다. 그러나 모든 서술형은 분량이 제한적이다. 무작정 길게 쓴다고 해서 점수를 받을 수 있다는 생각은 착각이다.

서술형의 답은 모범답안 형태로 제시된다. 그 모범답안이란 가장 바람직한 서술의 한 예를 담은 것이다. 그렇다면 가장 바람직한 서술의 기준이란 무엇인가? 바로 핵심어가 들어간 서술이다.

종종 출제 의도에는 맞게 썼으나 핵심 어휘를 넣지 않아서 점수를 온전히 다 받지 못하는 경우가 있다. 핵심 어휘란 출제 의도를 파악한 경우에만 선별할 수 있다. 즉, 짧게 쓰더라도 출제 의도(핵심 내용)를 정확하게 파악하고 핵심 단어를 포함하여 서술하는 것이 중요하다.

방영 당시 많은 인기를 얻었던 〈꽃보다 남자〉라는 드라마가 있었다. 드라마 속 학교의 실제 모델이 되었던 모 고등학교에서 전교 1등을 하는 학생의 인터뷰 기사를 본 적이 있다. 이 학생은 학교 시험기간이 다가오면 혼자 핵심 내용을 정리하여 이를 여러 친구들에게 복사해서 준다고 한다. 이 과정에서 무엇이 중요한지를 선별하고 정리를 하다 보니 출제자인 선생님의 입장에서 생각을 해복 된다. 그러다 보면 자연스럽게 핵심을 파악하게 되어 자신도 공부가 더 잘된다고 말했다.

핵심을 가려내는 것. 중요한 것이 무엇인지를 선별할 줄 아는 것이야말로 공부를 하는 데 있어 가장 중요하다. 서술형은 그것을 묻는 문제다. 출제자가 무엇을 중요하게 생각하고 무엇을 묻고자 문제를 냈는지를 파악할 수 있다면, 단 한 문장만 쓰고도 만점을 받을 수 있겠지만, 출제 의도를 파악하지 못했다면 길게 쓰더라도 단 1점도 받지 못할 것이다.

내면의 평화 (INNER PEACE)
시험 불안을 극복하는 법

현재에 집중할 때는 한 번도 불안한 적이 없었다.
불안이 스며들 때는 항상 다가올 일을 생각하거나 지난 일을 반추할 틈이 날 때였다.
—데이비드 킹

〈쿵푸 팬더〉는 필자가 좋아하는 애니메이션 영화 중 하나이다. 시리즈 중에서도 첫 번째 작품을 가장 좋아한다. 재미있는 캐릭터들의 대화 속에는 의외로 묵직한 의미가 많이 담겨있었기 때문이다. 그중에서도 렛서팬더인 '시푸' 사부가 방에서 가부좌를 하고 명상하려는 장면이 인상 깊다. 시푸가 밖에서 들리는 소음 때문에 귀를 쫑긋거리면서도 눈을 감고 계속 중얼거렸던 말이 있다.

"Inner peace…. Inner peace…."

시푸가 찾고자 했던 '내면의 평화', 이것이야말로 수험생에게 던져진 가장 절박한 화두가 아닐까 한다.

내면의 평화, 평정심 없이 공부를 잘하는 학생은 없다. 환경과 상관없이 내면의 평화와 평정심을 만들어내는 능력, 불안을 이겨내는 내면의 힘까지도 테스트 항목에 포함된다.

우리가 시험에 대해 불안을 느끼는 것은 특정한 시간과 공간이라는 매우 제한된 상황 안에서 복잡한 사고활동을 해야 하는 것이기 때문이다. 제한된 시공간 속에 자신의 상황이 완벽히 통제될 수 없다는 생각 때문에 심지어 공포심까지 생기게 되는 것이다. 학생들은 시험 문제가 어려워서 시험 불안을 느끼기보다는, 자신의 사고 활동이나 컨디션이 시험 당일의 상황에 따라 언제든 변할 수 있다는 생각에서 불안을 느낀다.

불안이라는 속성자체가 완벽히 통제되지 못하는 것들에 대한 두려움이다. 완벽히 통제되지 못하는 것들 안에는 많은 것들이 있다. 고사장의 낯선 교실 분위기, 불편한 책걸상, 조명, 채광, 답답한 공기, 처음 보는 낯선 친구들과 감독 교사, 낯선 지역, 낯선 환경, 낯선 등굣길 거기다 시험자체가 가지는 엄청난 중요도까지, 긴장하지 않는 것이 이상할 정도다.

수능 감독을 하다 보면 어떤 경우에는 남자 감독관의 숨소리가 너무 크다고 항의하는 일이 있을 정도로 학생들은 예민해진다. 지금까지 초, 중, 고를 거쳐 자신의 평생(?)을 바쳐 노력해 온 공부를 마지막 시험을 통해 확인받는 것이라고도 할 수 있으니 긴장하는 것이 어쩌면 당연한 것일 수도 있다.

초·중·고 10년이 넘는 시간동안 해 왔던 모든 공부의 완결판이자 끝판왕인 수능. 긴장하지 않는 방법은 없을까? 단순히 그날의 운에 맡겨야 할까?

시험 불안은 다양한 신체적 증상을 동반한다. 머리나 배가 아프거나 목이나 가슴이 답답하기도 하고 소화가 안되기도 하고 심장이 빨리 뛰기도 하고 생리적인 현상을 참지 못하기도 하는 등 예상치 못한 신체 이상 반응이 나타나기 마련이다.

필자의 경우 고3 수능시험 1교시 때 매우 긴장을 했던 기억이 있다. 1교시 국어 시간에 듣기 문제에서(그때는 듣기 평가가 있었다), 스피커가 이상했는지 소리가 제대로 들리지 않았다. 그 순간 머릿속에는 온갖 생각들이 떠올랐다. '이건 방송사고인 것 같은데? 그러면 다시 들려 주나? 왜 아무도 항의하지 않지? 나만 잘못 들었나. 아… 이렇게 그냥 지나가는 건가?'이런 생각들을 잠시 하는 동안 듣기에 제대로 집중할 수 없게 되었다. 그러나 문제는 나 스스로가 집중하지 못했다는 것을 인지하는 순간부터였다. 그 순간, 더욱 온몸이 긴장되기 시작한 것이다. 그때 순간적으로 뇌가 수축되는 느낌을 받았다. 마치 뇌가 쪼그라드는 것 같다는 느낌이었다. 지금 생각해 보면 긴장으로 온몸이 경직되면서 그런 느낌을 받았던 것 같다. 그 긴장이 1시간 넘게 시험 내내 이어지면서 몰입을 할 수 없었다. 마지막 10분을 남겨두고 예비 종이 울릴 때 정신을 차려보니 아직 4페이지나 풀지 못하고 있었으니, 완벽히 시험을 망친 것이다. 긴장으로 인해 멘탈이 무너지면서 시간 조절에 완벽히 실패한 것이다.

필자와 같은 이런 경험들을 해마다 많은 학생들이 경험하고 있을 것이다. 미국의 학생들도 전체 학생 중 대략 25%가 높은 시험 불안을 가지고 있다고 하니, 우리나라 학생들도 대략 이와 같은 비율을 보이지 않을까 예상한다.

시험은 단순히 학습 능력을 확인 받는 것을 넘어선다. 시험에서 평가 대상은 능력에 멘탈관리까지 포함된다. 일종의 자기관리 능력까지도 테스트 받는 것이다. 긴장하지 않는 것. 평소대로 하는 것. 이것 또한 테스트 되는 항목이다. 따라서 시험 불안을 극복하고 평정심을 유지하여 시험을 평소대로 차분하게 보는 것 또한 능력이다.

그렇다면 내면의 평화(Inner peace)를 얻으려면 어떻게 해야 할까? 앞서 밝혔던 필자의 수능 경험으로 다시 돌아가면, 그렇게 1교시를 완벽히 망치고 나니까 감정이 묘했다. 갑자기 허탈하기도 하고 당황스럽기도 했다. 그러나 그렇게 1교시가 끝나버리자, 오히려 엄청나게 무겁게 짓누르던 뭔가가 사라진 느낌이 들었다. 드디어 제대로 머리에 피가 돌기 시작하고 몸이 정상으로 돌아오는 느낌이었다.

남은 과목 시험을 잘 쳐봤자, 1교시를 워낙 망쳤기 때문에, 전체적으로 높은 성적을 기대할 수 없는 상황이었다. 나머지 다른 과목 시험을 긴장하며 볼 필요가 없어진 것이다. 실제로 1교시 이후의 나머지 과목들은 아무런 긴장 없이 그냥(?) 치렀다. 틀리면 틀리고, 맞으면 맞겠지 하는 마음. 심지어 맨 마지막 과목 시험에선 시간이 20분이나 남아서, 엎드려 잠이나 잘까? 하는 생각까지 들 정도였다. 그리고 모든 시험이 다 끝나고 나서야 눈물이 쏟아졌다. 망친 시험에 대한 슬픔, 허탈감, 자신에 대한 원망, 속상함, 허무함 등등 복잡한 감정들로 인해 눈물이 났다.

채점을 해 보니, 긴장 없이 친 나머지 과목들은 평소 실력대로 성적이 나왔다. 긴장 없이 대충 쳤던 과목들은 성적이 잘 나온 편이었지만, 1교시의 여파는 적지 않았다. 적지 않은 정도가 아니었다. 이후의 내 모든 인생이 달라졌다고 생각한다. 그 결과 필자는 교단에서 아이들을 가르치고 있다. 그리고 오늘 이렇게 새벽에 일어나 글을 쓰고 있다. 그때 받은 성적은 만족스럽지 않았지만 지금의 삶을 있게 해 준 시험이기에 감사하다고 생각한다.

지금 생각해 보면 시험에 대한 중요도를 스스로 너무 높였다. 멘탈도 너무 약했다. 시험은 거대하게 부풀리고 나 자신은 쥐꼬리만큼 작게 만들었다. 그러니 감당이 되지 않고 터질 수밖에 없었던 것이다.

나 자신을 크게 만들어야 한다. 그리고 시험은 작게 만들어야 한다. 나는 강하고, 시험은 별거 아닌 것으로 만들어야 한다. 그러면 밸런스가 맞아서 균형이 생기고 긴장이 사라진다. 예를 들면, 엄청난 시험을 앞둔 작고 힘 없는 아이의 생각은 이렇다.

"이제 드디어 수능이 내일이야. 내일이 바로 결전의 날이야. 이 시험을 위해 3년 동안 힘들게 공부했어. 아니 3년이 뭐야. 10년도 넘는 시간을 공부했는걸. 정말 잘 쳐야 해. 열심히 준비한 만큼 좋은 결과가 나올 거야. 난 반드시 좋은 결과를 얻어야 해. 중요한 시험이니까 완전 집중해야 해. 그날 컨디션이 좋아야 할 텐데. 그날 긴장하면 안 되는데, 수학 시험 때 특히 긴장하면 절대 안 돼. 긴장하지 말자, 긴장하지 말자……."

자신의 꿈을 향해 나아가는 과정에서 '그저 하나의 시험'을 앞두고 있는, 강하고 겁 없는 아이의 생각은 이렇다.

"시험을 위해 열심히 준비했어. 그러나 결과가 반드시 노력에 비례하는 것은 아니야. 그러니까 결과는 생각하지 말자. 물론 열심히 준비를 했고, 최선을 다해서 시험을 치르겠지만, 성적이 잘 안 나올 수도 있겠지. 인생에 '반드시'란 없어. 실패할 수도 있겠지만, 나는 실패를 겁내는 사람은 아니야. 만약 성적이 예상했던 대로 나오지 않더라도 나는 좌절하지 않을 자신이 있어. 왜냐하면 나는 이 정도의 좌절에 무너지는 나약한 사람은 아니니까. 나는 두렵지 않아. 나는 강한 사람이니까. 시험은 내 꿈을 이뤄가는 하나의 중간 과정일 뿐이야. 시험의 성공이 내 삶의 성공은 아니듯이, 실패 역시 내 삶을 어찌하지는 못해. 그저 최선을 다해서 열심히 시험을 치고 오자. 결과는 그리고 나서 생각해 보자."

이너피스(Inner peace). 내면의 흔들림이 없는 평온한 상태란 위의 학생처럼 강하고 담대한 멘탈을 가졌을 때 얻을 수 있다. 실패를 받아들이고 극복할 수 있을 만큼 강해져야, 비로소 고요해질 수 있다. 왜냐하면 두렵지 않기 때문이다. 시험에서 좋은 결과를 얻고 싶다면, 좋지 않은 결과 앞에서도 담담할 정도의 멘탈을 먼저 가져야 한다.

시험 불안 자가진단 테스트

다음 체크리스트를 통해 자신의 시험 불안 정도를 체크해 보자.

시험 불안 자가 진단 테스트

번호	항목	그렇다	아니다
1	중요한 시험을 볼 때 다른 학생들이 나보다 얼마나 더 똑똑한가를 생각한다.	☐	☐
2	지능 검사를 본다고 하면 검사 전에 무척 걱정이 된다.	☐	☐
3	지능 검사를 본다는 것을 미리 알았더라면 검사 전에 자신감과 안도감이 들었을 것이다.	☐	☐
4	중요한 시험을 볼 때는 땀이 많이 난다.	☐	☐
5	시험을 보는 동안 시험 문제와 상관없는 일들을 생각하고 있는 자신을 발견한다.	☐	☐
6	갑작스럽게 시험을 본다고 하면 심하게 동요된다.(혼란이나 공황상태)	☐	☐
7	시험을 보는 도중에 시험을 못 보면 어쩌나 하고 시험 결과에 대해 생각한다.	☐	☐
8	중요한 시험을 보면 너무 긴장이 되어 설사, 변비, 복통 등 배탈이 난다.	☐	☐
9	기말 고사나 지능 검사 때 아무것도 생각나지 않고 얼어붙는 경우가 있다.	☐	☐

10	한 과목 시험을 잘 봤다고 해서 다른 과목 시험을 잘 볼 자신이 생기지는 않는다.	☐	☐
11	중요한 시험을 치르는 동안 때로는 심장이 빠르게 뛰는 것을 느낀다.	☐	☐
12	시험을 치르고 나면 늘 '더 잘 볼 수 있었는데' 하는 생각이 든다.	☐	☐
13	시험이 끝나고 나면 자주 우울하다.	☐	☐
14	기말 고사를 보기 전에 기분이 나쁘거나 불편하다.	☐	☐
15	시험을 볼 때 내 감정이나 기분이 시험 성적에 지장을 준다.	☐	☐
16	시험을 볼 때 너무 긴장되어서 알고 있던 사실도 잊어버리는 경우가 많다.	☐	☐
17	중요한 시험을 치를 때 스스로 시험을 망치고 있다는 기분이 든다.	☐	☐
18	시험을 보거나 시험공부를 할 때 열심히 하면 할수록 더 혼란스럽다.	☐	☐
19	시험이 끝나면 걱정을 그만하려고 노력하지만 계속 걱정이 된다.	☐	☐
20	시험을 보는 동안 내가 학교를 무사히 마칠 수 있을지 걱정이 되는 때가 있다.	☐	☐
21	시험을 보는 것보다 차라리 과제나 숙제를 내는 편이 낫다.	☐	☐
22	시험이 날 너무 괴롭히지 않았으면 하고 소망한다.	☐	☐
23	시험을 혼자 보거나 시간 압박을 안 받는다면 훨씬 잘 볼거라는 생각이 든다.	☐	☐
24	성적이 어떻게 나올까 생각하다가 공부도 못하고 시험도 망친다.	☐	☐
25	시험이 없다면 나는 학업을 더 잘할 거라는 생각이 든다.	☐	☐

26	시험에 대해 '지금 모른다면 더 배우려고 신경 쓸 필요도 없어.'라는 태도를 갖는다.	☐	☐
27	시험을 잘 못 볼 것이라는 생각이 시험 볼 때 방해가 된다.	☐	☐
28	시험 준비를 잘 해놓고도 불안하다.	☐	☐
29	중요한 시험을 보기 전에는 식욕이 떨어진다.	☐	☐
30	중요한 시험을 보기 전에는 손이나 팔이 떨린다.	☐	☐
31	시험 전에 벼락치기 공부를 할 필요를 거의 느끼지 않는다.	☐	☐
32	선생님들은 어떤 학생들의 경우 다른 학생들에 비해 더 불안해하기 때문에 시험성적이 잘 나오지 않는다는 것을 알아야 한다.	☐	☐
33	시험 기간이 그렇게 긴장된 상황이 되어서는 안 된다고 생각한다.	☐	☐
34	시험지만 받아도 심하게 불편한 마음이 들기 시작한다.	☐	☐
35	나는 깜짝 시험이나 퀴즈를 내는 선생님이 끔찍하게 싫다.	☐	☐

출처: Test Anxiety Scale reproduced from Sarason, I. G. 1980. Test Anxiety: Theory, Research, and Applications. Permission granted by Lawrence Erlbaum Associates, Inc.

'그렇다'라고 답한 수

12개 이하	낮은 시험 불안
13~20개	중간 정도 시험 불안
21개 이상	높은 시험 불안

천재들과 만나야 천재가 된다
: 독서법

인문고전에 대한 독서는 전 세계적으로 강조되고 있다. 고전이 고전인 이유는 시대와 세대를 초월하는 가치를 담고 있기 때문이다. 인문 고전을 탐독하게 되면 사고의 크기, 세상을 보는 시야가 달라진다.

역사 속에 수많은 천재들의 생각들을 읽어 본다는 것은 생각만 해도 멋진 일이다. 그 속에서 그들의 생각에 푹 빠져 보자. 그리고 나면 어느 순간 그들처럼 생각하고 그들처럼 꿈꾸고 있을 것이다.

토머스 제퍼슨의 《위대한 교육》에 소개된 조지 와이드 대학이 선정한 고전 100선

번호	도서명	지은이
1	《자유의 역사》 The History of Freedom	액턴 Acton
2	《정부에 대하여》 Thoughts on Government	존 애덤스 John Adams
3	《왕에 대하여》 On Kingship	아퀴나스 Aquinas
4	《정치》 Politics	아리스토텔레스 Aristotle
5	《수사학》 Rhetoric	아리스토텔레스 Aristotle

6	《니코마코스 윤리학》 Nichomachean Ethics	아리스토텔레스 Aristotle
7	《하나님의 도성》 The City of God	어거스틴 Augustine
8	《명상록》 Meditations	아우렐리우스 Aurelius
9	《오만과 편견》 Pride and Prejudice	오스틴 Austen
10	《감각과 감성》 Sense and Sensibility	오스틴 Austen
11	《신기관》 Novum Organum	베이컨 Bacon
12	《법》 The Law	바스티아 Bastiat
13	《보이는 것과 보이지 않는 것》 What is Seen and Not Seen	바스티아 Bastiat
14	《정부의 역할》 The Proper Role of Government	벤슨Benson
15	성경 The Bible	
16	《철학의 위안》 The Consolation of Philosophy	보이티우스 Boethius
17	《폭풍의 언덕》 Wuthering Heights	브론테 Bronte
18	《제인 에어》 Jane Eyre	브론테 Bronte
19	《미국의 전통》 The American Tradition	칼슨 Carson
20	《현대물리학과 동양사상》 The Tao of Physics	카프라 Capra
21	《정통주의》 Orthodoxy	체스터튼 Chesterton
22	《연설문 모음집》 Collected Speeches	처칠 Churchil
23	《국가론》 The Republic	키케로 Cicero
24	《전쟁》 On War	클라우스비츠 Clausewitz
25	《논어》 Analects	공자 Confucius

46	《파우스트》Faust	괴테 Goethe
47	《리워야단》Leviathan	홉스 Hobbes
48	《일리아드》The Iliad	호머 Homer
49	《오디세이》 The Odyssey	호머 Homer
50	《레미제라블》 Les Miserables	휴고 Hugo
51	《도덕 정치 문학 논설》 Essays Moral Political and Literary	흄 Hume
52	《편지 연설 글모음》 Letters Speeches and Writings	제퍼슨 Jefferson
53	《전쟁의 역사》 History of Warfare	키간 Keegan
54	《요약》 Epitome	케플러 Kepler
55	《연설문 모음》 Collected Speeches	마틴 루터 킹 주니어 Martin Luther king Jr.
56	《과학 혁명의 구조》 The Structure of Scientific Revolutions	쿤 Kuhn
57	《화학의 요소》 Elements of Chemistry	라보아제 Lavoisier
58	《순전한 기독교》 Mere Christianity	루이스 Lewis
59	《스크루테이프 편지》 The Screwtape Letters	루이스 Lewis
60	《영광의 무게》 The Weight of Glory	루이스 Lewis
61	《연설 문집》 Collected Speeches	링컨 Lincoln
62	《정부의 두 번째 보고서》 Second Treatise of Government	로크 Locke
63	《군주론》 The Prince	마키아벨리 Machiavelli
64	《연방주의자 논집》 The Federalist Papers	메디슨, 헤밀턴, 제이 Madison, Hamilton and Jay
65	《공산주의 선언》 The Communist Manifesto	마르크스 엥겔스 Marx and Engels

66	《유토피아》 Utopia	모어 More
67	The Magna Charta《대헌장》	
68	《자유》 On Liberty	밀 Mill
69	《복락원》 Paradise Regained	밀턴 Milton
70	《인간 행동》 Human Action	미제스 Mises
71	《먼로주의》 The Monroe Doctrine	
72	《법의 정신》 The Spirit of the Laws	몽테스키외 Montesquieu
73	《수학적 원리》 Mathematical Principles	뉴턴 Newton
74	《산술입문》 Introduction to Arithmetic	니코마코스 Nichomachus
75	《선악을 넘어》 Beyond Good and Evil	니체 Nietzsche
76	《노스웨스터 조례》 The Northwest Ordinance	
77	《1984》	오웰 Orwell
78	《플라톤 전집》 Collected Works	플라톤 Plato
79	《역사》 Histories	폴리비우스 Polybius
80	《선택받은 사람들》 The Chosen	포토크 Potok
81	《삶》 Lives	플루타르코스 Plutarch
82	《알가미스트》 Algamest	톨레미 Ptolemy
83	《셰익스피어 전집》 Collected Works	셰익스피어 Shakespeare
84	《5천년의 도약》 The Five Thousand Year Leap	스쿠젠 Skousen
85	《위대한 하나님의 법》 The Majesty of God's Law	스쿠젠 Skousen

86	《미국 세우기》 The Making of America	스쿠젠 Skousen
87	《국가의 부》 The Wealth of Nations	스미스 Smith
88	《쪼개진 세상》 A World Split Apart	솔제니친 Solzhenitsyn
89	《수용소 군도》 The Gulag Archipelago	솔제니친 Solzhenitsyn
90	《오디푸스 트릴로지》 Oedipus Trilogy	소포클레스 Sophocles
91	《톰 아저씨의 오두막집》 Uncle Tom's Cabin	스토우 Stow
92	《손자병법》 The Art of War	손무 Sun Tzu
93	《허영의 시장》 Vanity Fair	새커리 Thackeray
94	《월든》 Walden	소로우 Thoreau
95	《전쟁과 평화》 Was and Peace	톨스토이 Tolstoy
96	《펠로폰네소스 전쟁사》 History of the Peloponnesian War	투키디데스 Thucydides
97	《미국의 민주주의》 Democracy in America	토크빌 Tocqueville
98	《편지 연설 문집모음》 Letters Speeches and Writings	워싱턴 Washington
99	《인류 발전의 주요 동기》 Mainspring of Human Progress	위버 Weaver
100	《버지니아 사람》 The Virginian	위스터 Wister

《토마스 제퍼슨의 위대한 교육》에 소개된 '조지와이드 대학이 선정한 고전 100선'

부록

N   L   P

(Neuro-Linguistic Programing)

다   이   어   리

YES BOX
예스 박스 기법

1. 답이 긍정으로 나올 수 있는 문장을 만들어 본다.

2. 이는 비판적이고 부정적인 사고의 활동량을 급격히 줄어들게 만드는 방법으로서 긍정적인 사고를 유도하는 언어 패턴이다.

3. 받아들일 수밖에 없는 사실을 스스로 반복해서 늘어놓은 뒤 자신이 제시하는 경험 속에서 긍정을 느끼는 것이다.

YES BOX

1. 나는 수학 성적을 올릴 수 있을까   ?

                                                - YES!

2.   ?

         - YES!

3.   ?

         - YES!

4.   ?

         - YES!

5.   ?

         - YES!

6.   ?

         - YES!

7.   ?

         - YES!

8.   ?

         - YES!

9.   ?

         - YES!

10.   ?

         - YES!

STORY OF SOMEONE
누군가의 이야기 기법

1. 나의 이야기를 다른 사람이야기를 하는 것처럼 서술하는 기법.

2. 자신을 3인칭화 시켜서 이야기를 만들어가는 과정에서 자신의 감정, 느낌, 생각을 정리할 수 있다.

3. 또한 타자의 이야기를 만들어 나간다는 점에서 자신이 꿈꾸는 미래에 대해 보다 비판의식 없이 접근할 수 있게 해 준다. 예) 그는, 그녀는, 그들은...

Story of Someone

TOUCH YOUR DREAM
꿈을 이루는 문장 쓰기

1. 꿈이 이루어진 장면을 상상하며 다양한 문장으로 표현해 본다.

2. 가급적 오감(시각, 청각, 촉각, 후각, 미각)의 느낌을 생생하게 느끼며 묘사해 본다. 이를 통해 꿈을 이룬 순간이 보다 구체화되고, 정교해진다.

3. 소망하는 장면을 묘사하기 위해 글을 쓰다보면 소망의 순간 속에 생각이 계속해서 머무르게 된다. 이는 원하는 장면을 떠올리며 명상하는 것과 같은 효과를 가져 온다.

4. 소망을 상상하며 글을 쓰는 과정에서 자신이 원하는 것이 무엇인지를 더욱 명확히 찾을 수 있으며, 점점 더 현실적인 느낌으로 소망이 확장되어가는 기쁨을 느낄 수 있게 된다.

Touch your dream

예) 합격 했다는 소식을 듣자마자 어디선가 음악 소리가 들렸다.

공부 잘하는 친구의 멘탈 공부법

초판 1쇄 발행   2019년 04월 15일

글쓴이   김민진

펴낸이   김왕기
편집부   원선화, 이민형, 김한솔
디자인   푸른영토 디자인실

펴낸곳   **(주)푸른영토**
주소   경기도 고양시 일산동구 장항동 865 코오롱레이크폴리스1차 A동 908호.
전화   (대표)031-925-2327, 070-7477-0386~9
팩스   031-925-2328
등록번호   제2005-24호.(2005년 4월 15일)
홈페이지   www.blueterritory.com
전자우편   designkwk@me.com

ISBN 979-11-88292-80-6 13320
ⓒ김민진, 2019